DE LA CONSTITUTION

ET DU GOUVERNEMENT

QUI POURROIENT CONVENIR

A LA

RÉPUBLIQUE FRANÇOISE.

PAR A. GUY-KERSAINT, député à la convention nationale.

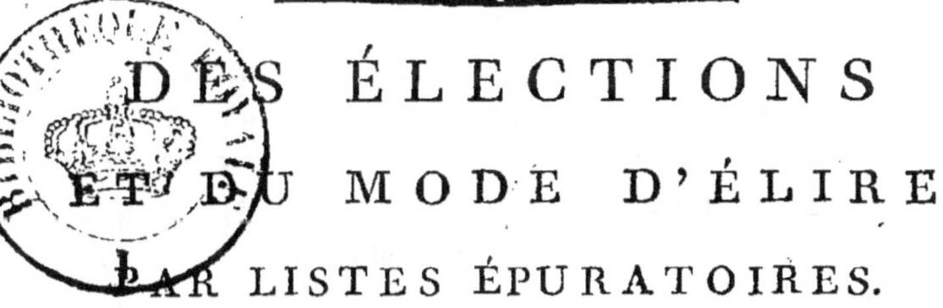

DES ÉLECTIONS

ET DU MODE D'ÉLIRE

PAR LISTES ÉPURATOIRES.

PAR FR. LANTHENAS, député à la convention nationale.

A TOUS LES RÉPUBLICAINS

DE FRANCE;

SUR LA SOCIÉTÉ DES JACOBINS DE PARIS.

Par J. P. BRISSOT, député à la convention nationale.

A PARIS,

Chez les Directeurs de l'Imprimerie du CERCLE SOCIAL,
rue du Théâtre-François, n°. 4.

1792.

L'AN PREMIER DE LA RÉPUBLIQUE.

« Maintenant , hommes cruels , ... vos journaux le trou-
blent et l'abusent sur mon compte. Il me croit un monstre sur la foi de vos clameurs , mais vos clameurs ces-
seront enfin ; mes écrits resteront , malgré vous , pour
votre honte. »

Jean-Jacques ROUSSEAU.

DE LA CONSTITUTION

ET

DU GOUVERNEMENT

QUI POURROIENT CONVENIR

A LA RÉPUBLIQUE FRANÇOISE.

Introduction.

UNE constitution est l'ensemble des conditions par lesquelles des hommes réunis en société, sont convenus de s'assurer réciproquement l'exercice et la jouissance de leurs droits naturels.

Le gouvernement est le mode d'exécution des loix faites en conformité des principes convenus entre tous les membres de l'association, dans l'acte de garantie des droits, la constitution.

Il faut donc, pour qu'il y ait chez une nation paix et liberté, une harmonie parfaite entre les actions d'un gouvernement, et les principes et les conditions du contrat social.

La crise révolutionnaire qui travaille la France depuis quatre ans, et vient, comme par une explosion volcanique, de renverser la royauté, étoit entretenue par la discordance des principes admis par la majorité du peuple françois (lesquels servoient de base à la constitution adoptée en 1791), et les actions d'un gouvernement étranger à ces principes, et seulement occupé de les combattre par la puissance que lui donnoit cette constitution même, qu'il n'avoit jurée que pour la détruire.

Cette conjuration patricide tiroit toute sa force de nos

préjugés monarchiques et de notre vieux respect pour la royauté ; ces erreurs se sont dissipées le 10 août, et la trahison de Louis XVI, et la coalition de ses complices nous ont radicalement guéris de notre superstitieuse prédilection pour le gouvernement royal. La force naturelle de la vérité et de la raison a prévalu ; c'est à leur lumière pure et céleste que doivent marcher aujourd'hui les législateurs : mais, en entrant dans la carrière que vient de leur ouvrir la révolution du 10 août, une grande question peut les arrêter, et sans doute, nous avons à craindre qu'elle ne les divise, et que la France entière ne prenne part à cette division ; j'entends parler ici de la question de savoir si la France sera républicaine ou monarchique. (Voyez la Chronique du mois de septembre, *la monarchie sans roi.*) Citoyens, c'est ici le moment de vous le répéter ; désespérant de triompher des françois unis, c'est de nos divisions que l'ennemi attend ses succès : trompons encore ce dernier espoir, et déclarons que quel que soit l'avis de la majorité du peuple françois, sur les divers points constitutionnels qui seront arrêtés par les représentans du peuple assemblé en Convention la minorité se réunira, sans réserve, à la majorité, pour concourir à l'établissement du gouvernement adopté par le plus grand nombre.

Evitons la guerre civile, si nous voulons vaincre les Prussiens, les Autrichiens, les Espagnols, les Russes ; mais je me trompe, je parle des peuples, et je ne devrois nommer que des rois. —— Nous avons aboli la royauté, que ceux qui la regrettent fassent à la patrie le sacrifice de leur opinion. L'Amérique plus grande que la France, est libre, heureuse, et sans roi.

Si les amis de la royauté l'avoient emporté, je demanderois la même déférence de ceux qui la regardent comme le fléau du genre humain : je suis de cette dernière opinion, mais je donnerois l'exemple de mon respect pour la majorité, et je maintiendrois de tout mon pouvoir le gouvernement qu'elle auroit adopté.

Mais je suppose que ce point litigieux est écarté , et que les françois ont déclaré qu'ils placent leur confiance dans leurs représentans ; que leur vœu est d'être libre , et qu'ils reconnoissent qu'une assemblée convoquée d'hommes choisis dans tout l'Empire , et dont plusieurs ont déja donné des preuves de leur civisme éclairé , et de l'énergie de leurs principes , est seule capable de combiner les intététs d'un si grand empire et d'un peuple aussi nombreux ; qu'en conséquence , ils doivent à la Convention nationale cette marque de confiance , de recevoir la constitution qu'elle est chargée de combiner et de fixer. Cette résolution , digne d'une nation éclairée , renverseroit tous les complots.

Le peuple dans sa masse est souverain de fait, son droit est sa force : mais ce n'est point la force qui combine les intérêts des hommes ; cette tâche est réservée au savoir et à la prudence. Les Français ont renversé le despotisme ; mais ils ont dirigé leurs coups à la lueur des flambeaux de la philosophie. C'est donc aux philosophes qui les ont éclairés et conduits dans, cette grande révolution , qu'il appartient de fonder un nouveau systême de loix , une constitution qui contiennent les principes dont les conséquences leur assurent la jouissance pleine et entière des droits qu'ils ont reconquis. La force établit l'empire , ou le droit ; mais l'habileté , la prudence sauront seules les maintenir. — Nous sommes maintenant le peuple le plus indépendant de la terre : nous serons le plus libre , lorsque nous respecterons et que nous aimerons nos loix. Mais pour faire passer la liberté , ce premier des biens , à nos neveux, il faut fonder un gouvernement régulier ; et cet établissement exige des combinaisons profondes : le courage du peuple a détruit la tyrannie ; c'est à sa raison à fonder la république sur des loix sages , capables d'en perpétuer la durée.

Je citerai à mes concitoyens l'exemple des habitans de la Virginie , lorsque les Américains secouèrent le joug du roi d'Angleterre, et déclarèrent leur indépendance. — L'état de Virginie rassembla les habitans des campagnes avec ceux des villes, pour délibérer s'ils déclareroient le roi George déchu de tout droit sur la colonie : les artisans, les laboureurs, les gens de tout état, les citoyens les plus recommandables par leur fortune et par leur savoir, expliquèrent à l'assemblée l'état des affaires. — Après les avoir écoutés attentivement, un cultivateur se leva et dit à l'assemblée : Messieurs nous avons de la force et du cœur pour servir notre pays ; mais nous n'entendons rien à la politique : — ces messieurs qui viennent de parler en savent plus que nous, — et risquent plus que nous ; car ils sont plus instruits et ont plus à perdre : voulez-vous m'en croire, accordons-leur notre confiance : pour que les choses aillent bien, la tête et les bras sont nécessaires ; ce que les bonnes têtes auront résolu, nous l'exécuterons. —— Cet avis fut adopté unanimement.

Le tems est venu, citoyens, de prendre confiance dans les hommes éclairés ; car depuis que nous n'avons plus de roi, il n'existe plus qu'un seul intérêt au milieu de nous ; celui de la République. La Convention nationale, composée d'hommes choisis par vous-mêmes, ne peut, surtout, en avoir d'autre ; mais vous lui devez aide et soutien. Je pense, avec vous, que la Convention nationale, qui représente le souverain, n'est pas le souverain, et que ce qui y sera arrêté par la majorité des voix, ne pourra se considérer d'abord que comme la volonté présumée de la majorité de la Nation, que pour que ces arrêtés prennent le caractère sacré de la volonté nationale, il convient qu'ils aient été sanctionnés par le peuple, réuni dans ses assemblées élémentaires ; et que c'est ainsi que doit se former le contrat d'union entre tous les membres de l'association, et que doivent être reconnues et fixées les loix fondamentales, suivant lesquelles la Nation voudra désormais être gouvernée.

Mais je pense aussi que, dans les circonstances où se

trouve la Nation, la prétention d'atteindre à ce degré de
perfection a de grands inconvéniens, et je vous exhorte
de toutes mes forces à en détourner votre esprit. Je crains
que ceux qui s'y attachent avec ostentation, ne soient vos
ennemis secrets. — Les défauts des loix constitutives sont
cachés dans le tems. C'est à l'expérience que la nature des
choses en réserve la découverte. Recevez donc la constitution que vous présentera la Convention, en ajournant
vos observations à la Convention prochaine; c'est le seul
moyen d'accorder les principes avec les circonstances de
votre état social actuel. — Si les 7 à 8 mille assemblées
primaires vouloient argumenter sur tel ou tel point de la
constitution qui vous sera présentée, Concevez-vous qu'il
fût jamais possible de s'entendre ? c'est ici le cas d'appliquer cet adage si connu : *que le mieux est ennemi du bien.*
Toutes les probabilités morales se réunissent pour vous
répondre — que l'ouvrage de la Convention sera bon et
sage, et que vos droits y seront ménagés et défendus. Dé-
fiez-vous donc, je vous le répète, de ceux qui veulent que
cet ouvrage soit jugé partiellement dans 8 à 10 mille assemblées, et que les loix ne puissent avoir de force qu'après
leur sanction.

Je vais vous expliquer ce que signifient ces paroles :
— Nous sommes chargés par les puissances étrangères,
effrayées de la puissance que le régime de la liberté doit développer au sein du peuple François, d'empêcher qu'il
n'en recueille les avantages; — mais ne pouvant forcer le
peuple de reculer dans sa marche hardie, nous espérons,
en le poussant au contraire en avant, en le précipitant
dans sa course, par l'exagération de tous les principes,
le ramener sous le joug, fatigué, dégoûté, ruiné; car
nous l'empêcherons de jouir d'aucun des biens qu'il s'est
promis; et nous le forcerons, dans les malheurs de l'anarchie, de regretter son ancien esclavage. — Voilà, citoyens,
le vues secrètes de vos agitateurs. Consultez les assemblées
primaires sur chacune de vos loix : c'est en d'autres

termes , vous dire — que vous devez renoncer aux avantages d'un gouvernement libre. — De tels publicistes sont les avocats des Autrichiens et des Bourbons. — La convention a déclaré que la constitution devra être adoptée par le peuple ; ce principe est incontestable : mais ne le pressez pas trop. — Je le regarde comme un piége tendu à la bonne foi du peuple : désespérant de nous vaincre à force ouverte, ils veulent nous détruire par nous-mêmes, nous fatiguer par nos querelles , et nous affoiblir par nos divisions; enfin nous ramener à rétablir la royauté si favorable aux hommes corrompus. — Mais ils se trompent. — Les François entendront la voix de leurs sages ; ils écouteront les conseils de la raison , et leurs lâches adversaires seront déchus dans leur dernière espérance.

Ordre naturel des propositions sur lesquelles la convention doit délibérer.

1°. La déclaration des droits de l'homme , sans restriction ni modification.

2°. L'unité de l'empire , ou l'union de tous les François, sous les mêmes loix et dans les mêmes droits.

3°. Le gouvernement représentatif.

4°. L'élection de tous les fonctionnaires publics.

5°. Liberté indéfinie dans les élections

6°. Le choix des représentans , et leur élection par les assemblées élémentaires.

7°. Une assemblée nationale législative , élective , annuelle , *ou biennale.*

8°. Un conseil exécutif électif, avec le droit d'observation.

9°. Un tribunal de censeurs , entre le conseil exécutif et l'assemblée nationale , chargé de conserver les formes et les règles du gouvernement , avec le droit d'en appeler au peuple , si les pouvoirs délégués tentoient de sortir de leurs limites.

Un conseil national. — Pouvoir intermédiaire permanent ,

diaire permanent, dans les vacances du corps législatif...

10°. Les jurés, les assises ou tribunaux ambulans pour le criminel.

11°. Les tribunaux de conciliation ou d'arbitrage.

12°. Juges de paix et tribunaux ambulans, ou assises pour plusieurs départemens au civil.

13°. Uniformité des loix ; abolition de coutumes.

14°. Uniformité des poids et mesures.

15°. Conscription militaire.

16°. L'administration confiée à des mandataires rééligibles par le vœu des administrés, ou la demande du pouvoir exécutif, confirmée par le pouvoir législatif.

17°. L'autorité municipale placée au 1er. degré, investie exclusivement de la police, étendue, dans les campagnes, suivant les localités et la population, au moins à un canton.

Bases de la fortune publique.

18°. La contribution foncière industrielle, du luxe, du timbre, du cens, les successions collatérales et amendes; droits de domiciles.

19°. Plus de douane, plus d'impôt indirect sur aucun genre de consommation.

20°. Cadastre général et dénombrement.

21°. Classification des citoyens suivant la cote des contributions publique.

22°. Classification des citoyens en état de porter les armes.

Organisation militaire de la nation ; force publique.

23°. Classification des citoyens, suivant leurs professions et état divers.

24°. Classification des citoyens en chefs de famille et célibataires.

La déclaration des droits de l'homme doit se trouver à la tête de l'acte ou contrat passé entre les hommes qui se réunissent pour former un corps de nation, et la reconnoissance des devoirs de l'homme vivant en société, c'est-à-dire, des droits du citoyen, doit clore cet acte.

B

Le contrat social doit être le livre élémentaire de l'éducation publique, et toute l'éducation doit avoir pour but, de former des citoyens pénétrés de leurs devoirs envers la société dont ils sont destinés à faire partie.

Les développemens qui suivent, jetteront quelque jour sur les plus importantes de ces questions.

La constitution que vous êtes appellés à présenter au peuple François, ne peut être que représentative, et vous n'avez pas sur ce point à délibérer; car l'étendue de la république et sa population, ne lui offrent la jouissance des avantages de la liberté qu'à ce prix. La base de tout gouvernement représentatif est l'élection ; c'est dans les élections que se trouve le vice principal de notre constitution de 1789. Il étoit bien plus facile, le 21 juin 1791, d'en ôter la royauté qui ne tenoit à rien, que de corriger aujourd'hui ce mode électif, qui tient à tout, et s'appuie sur les débris de nos mœurs aristocratiques. C'est là que se trouve le point délicat de notre tâche.—Pour ramener le systême des élections vers son principe, nous devons nous occuper premièrement du régime municipal. Son organisation actuelle est un grand obstacle à l'établissement d'un ordre stable; et comme l'édifice social repose sur ce premier élément, de tous les pouvoirs, c'est aussi par cet objet que la convention nationale doit commencer ses travaux constitutifs.

La cité française, étant trop vaste pour se réunir en une seule commune, la première de toutes les opérations est d'en tracer les divisions sur un plan méthodique. Les municipalités actuelles doivent se considérer comme des subdivisions que le hasard a présentées, et dont l'assemblée constituante de 1789 a été forcée de se servir : cette première ébauche a conservé tous les défauts de son origine; mais il sera facile de les corriger. Les districts doivent être chargés d'en présenter les moyens à la convention.

Les conseils des districts s'occuperont sans délai de former un projet de division de leur population, sur ce principe, que chaque division de la commune de district, puisse envoyer mille citoyens, au moins, à l'assemblée générale, pour l'élection. Ces divisions de la commune principale s'appelleront divisions municipales. Les petites municipalités actuelles, qui s'y trouverout englobées, choisiront entre elles leur chef-lieu, et toutes concourront à l'élection du maire principal. Les maires actuels deviendront des lieutenans de maire; car, en établissant une division nouvelle, il faut bien se garder de détruire celle qui existe; elle tient à des causes locales, et je la regarde comme un élément précieux donné par la nature pour faciliter l'action du gouvernement, dans un grand empire. En subordonnant ces divisions à des municipalités centrales, vous faites disparoître leurs inconvéniens et leur nombre; et leur petitesse même a des avantages dont vous sentirez tout le prix, lorsque vous vous occuperez d'établir une police de sûreté générale, laquelle doit atteindre jusques dans les derniers rameaux du corps politique; elles vous seront encore utiles pour l'assiette des contributions et l'exécution des opérations de l'administration, et surtout pour faciliter le dénombrement et la classification des citoyens, opération première pour uu peuple libre, et sans laquelle on ne peut fonder le règne des loix. Le despotisme n'en avoit pas besoin pour gouverner. La force confond tout, et la tyrannie ne voit l'ordre que dans la stupeur de l'obéissance et le repos de la crainte. La liberté se complaît à la vue de l'homme agissant sans contrainte sous l'abri des loix; mais ces loix doivent veiller sans cesse à son bonheur; et c'est pour avoir des yeux par tout que le régime républicain exige de nombreuses subdivisions dans le territoire et la population. Le défaut de celles qui existent est sur-tout l'étendue des pouvoirs et des devoirs imposés aux municipalités de campagne, la foiblesse de leur population, leur inégalité, font qu'un très-grand nombre d'entre elles ne sont pas susceptibles de remplir le but de leur institution: il est difficile, souvent même impossible, d'y trouver des hommes tels que la loi les exige ; mais comme lieutenans du maire principal, ces mêmes maires de campagne seront excellens, parce qu'on ne leur transmettra que des ordres simples, relatifs à leurs localités ; et, s'ils trouvent encore de l'embarras dans l'exécution, ils seront à portée d'être éclairés et conduits par des hommes dans lesquels ils auront confiance, puisqu'ils les auront choisis. Ainsi je regarde l'établissement des municipalités centrales ou principales, comme une opération indispensable, et l'une des premières questions qui appellent l'attention des représentans du peuple français, réunis en convention, à l'effet de fonder la constitution de la république.

Voici l'analyse des différentes questions sur lesquelles vous aurez à prononcer, dans l'ordre où je crois qu'elles doivent être présentées à votre discussion, pour résoudre la question principale dont il s'agit.

1°. Sera-t il procédé à une nouvelle division municipale de la cité française ?

2°. Pour exécuter cette nouvelle division, se servira-t-on des conseils administratifs des districts ?

3°. La mesure des municipalités centrales sera-t-elle déterminée d'après l'étendue du territoire, ou sur les bases de la population ?

4°. Les subdivisions municipales actuelles seront-elles conservées, comme annexes des municipalités principales ?

5°. Donnera-t-on le nom de lieutenant de maire au maire de ces municipalités secondaires ? Telle nous paroît être la série des questions que la convention nationale devra décider, lorsqu'elle s'occupera de poser cette pierre angulaire de la constitution de la république. Nous observerons que ce premier travail lui présentera, dans ses conséquences, la facilité de simplifier, par un seul décret, le régime administratif ; car les municipalités centrales devront être investies, sous la direction des départemens, des pouvoirs et des devoirs confiés aux administrations de district. Ainsi vous perfectionnerez à la fois le régime

municipal et cette organisation administrative compliquée,
et sur laquelle tant de réclamations se sont élevées; car
l'esprit humain semble être condamné par-tout à s'en-
traver lui-même dans la complication de ses moyens, et
à procéder du composé au simple.

. Le plan général tracé par les législateurs de 1789 étoit
bon, mais confus : vous le simplifierez, et n'en tirerez
point vanité. Le tems et le courage du peuple vous ont
rendu ce travail facile, en vous délivrant de la royauté.
Voici, dans mes idées, les élémens du gouvernement que
vous devez fonder. Les sections de communes ou lieu-
tenances de maire, dans les campagnes; dans les villes
où la population nécessite des sections, les présidens de
ces sections seront réputés lieutenans de maire ; les sections de commune, les municipalités centrales, les départemens, le conseil exécutif composeront la hiérarchie des
pouvoirs gouvernans, ou la puissance exécutrice nationale.

On s'étonnera peut-être que je présente le gouvernement avant la constitution. C'est que je ne veux pas faire
comme les législateurs de 1789, qui placèrent la constitution dans la dépendance du gouvernement : je veux le
contraire, et que le gouvernement dépende de la constitution ; de sorte qu'il ait le plus grand intérêt possible
à la maintenir. Je le demande : dans la constitution de
1789, quel intérêt avoient les agens du pouvoir exécutif
à soutenir les droits du peuple ? aucun. Après l'élection,
ils n'avoient plus à s'occuper que de se rendre perma-
nens : tandis que, dans notre hypothèse, c'est en quelque
sorte le peuple lui-même qui se gouverne. Ainsi les dé-
fiances entre les gouvernans et les gouvernés, n'ayant
plus d'objet, la liberté et la paix sociale seront assurées.
On peut établir en principe, qu'il n'y a point de liberté
là où le gouvernement est indépendant et hors la constitution, et de tous les signes qui peuvent servir à distinguer un état libre ou républicain, d'un état où la liberté
n'est qu'apparente, je n'en connois point de plus décisif.

Je suppose ici la question de la division des communes décidée sur la base de la population, et qu'il est arrêté que les municipalités centrales formeront chacune une assemblée élective. Voici mes bases constitutionnelles.

Les assemblées élémentaires d'élection, composées de mille à 15 cens citoyens. — Tout Français domicilié depuis un an dans sa commune, qui vivra de son travail, sans être à charge à la communauté, aura le droit de cité.

Le droit de cité se perdra par la flétrissure en justice, la lâcheté devant les ennemis de la patrie, la banqueroute frauduleuse, la mendicité, le vagabondage ; il sera suspendu par la domesticité. Les assemblées élémentaires jugeront elles-mêmes des accusations portées contre un de leurs membres ; mais ces accusations devront être soutenues par quatre citoyens du domicile de l'accusé, pour pouvoir motiver la rejection de l'assemblée et la suspension ou la perte du droit de cité. Les citoyens pourront appeller des jugemens des assemblées élémentaires à l'assemblée nationale ; mais ils seront tenus de s'y conformer provisoirement. Il sera formé des arrondissemens qui contiendront un nombre déterminé de municipalités centrales : ces arrondissemens auront droit de nommer un des membres du corps administratif de leur département.

Les assemblées élémentaires seront essentiellement délibérantes ; elles pourront destituer les maires, lieutenans de maire et conseils généraux des communes, et autres officiers publics commis par elle dans aucune fonction publique. On procédera à ces destitutions suivant une loi dont la base sera le vœu précédemment connu de la majorité des citoyens (1). Outre les assemblées aux époques fixées

____

(1) Dans les assemblées annuelles, une urne sera placée à la porte, où chacun pourra mettre son billet signé, exprimant le vœu de destitution de tel ou tel fonctionnaire public. — Après que l'assemblée se sera organisée, elle nommera quatre personnes pour faire le dépouillement de l'urne d'accu-

par la loi, lorsque la majorité des sections de la commune de la municipalité centrale le réquierront, le maire principal sera tenu de convoquer l'assemblée générale : ces assemblées extraordinaires ne pourront néanmoins destituer les officiers en charge ; mais elles pourront statuer sur les intérêts communaux, lesquels seront stipulés dans le code municipal. Dans ces assemblées du peuple, tous les intérêts des citoyens, sans exception, pourront être discutés, et particulièrement l'assiette des contributions, la conduite de ceux qui les perçoivent, de ceux qui les paient ou les refusent : sur leurs dénonciations, le ministère public sera tenu d'informer, conformément aux loix qui seront portées sur cet objet.

Les assemblées primaires auront le droit de faire des adresses au corps législatif, et l'un de leurs plus importans devoirs sera d'examiner si les loix sont biene xécutées, et de leur prêter tout l'appui que leur doivent des hommes libres, afin que personne ne s'élève au-dessus d'elles.

C'est ici que l'on peut sentir la différence de nos principes, avec ceux qui règlent, dans l'ordre actuel, l'exercice de la souveraineté. Par la constitution de 1789, les droits du peuple sont nuls de fait, parce que les assemblées électives n'y sont pas délibérantes, et parce que le pouvoir municipal s'y trouve étouffé par l'ascendant des corps administratifs. La cour avoit bien observé ce défaut de la constitution : aussi comptoit-elle bien nous enchaîner par le moyen des directoires de département. Ici s'explique la distinction que j'ai faite du gouvernement dans la constitution, ou de la constitution dans le gouvernement.

Après avoir posé ces fondemens de l'édifice social, et marqué le point d'où doivent partir, et ceux qui fe-

____

sation. — Si la majorité demande la destitution de tel ou tel, il sera procédé sans délai et sans réclamation à son remplacement ; cette opération devra précéder le cours ordinaire des élections.

ront les loix, et ceux qui les feront exécuter, point où doit se faire sentir, dans toute son énergie, la puissance d'un peuple vraiment libre et souverain, je pense avoir franchi le pas le plus difficile de la carrière dans laquelle j'entreprends de marcher.

Je laisse à d'autres le soin de rédiger la déclaration des droits de l'homme : ce qui m'importe, c'est que nos institutions supposent ses droits, et les respectent.

Cette déclaration se réduit pour moi à ces mots: *les hommmes sont égaux et libres.* Le reste doit se retrouver dans nos loix. — Que cette éternelle verité s'y montre, qu'elle remplace cette formule vile et vuide de sens, qui les déshonorera long-tems: *De par le roi.* Qu'elle soit à leur tête pour les rendre plus sacrées. — Car, à quel objet qu'elles s'appliquent, elles ne peuvent perdre de vue ce principe: *les hommes sont égaux et libres.* —

J'ai indiqué le rapport des assemblées élémentaires dans le système du gouvernement; je vais marquer leur place dans le système constitutif.

Plus la représentation nationale sera prise près de sa source, et plus elle sera pure et méritera la confiance du peuple. Les assemblées élémentaires devront donc élire médiatement les députés à l'assemblée nationale. Ce principe présente quelques difficultés dans son application : elles ne sont pas insurmontables; mais pour en triompher il faut décider la question des candidats, laquelle ne peut guère être combattue dans une assemblée dont le premier acte a été d'abolir la royauté et de proscrire les scrutins secrets. Je ne ferai donc point cette injure à la convention, de croire qu'elle puisse balancer à consacrer par une loi la liberté qu'ont les citoyens de se présenter pour telle ou telle place aux élections, usage qui, seul, peut légitimer la discussion publique sur le caractère des citoyens dans les assemblées d'élection, et préparer la grandeur de la république par le choix des hommmes les plus capables de la gouverner; tandis que, dans l'état présent

sent

tent , l'intrigue exerce son influence avec audace , et s'em-
pare avec impunité des suffrages du peuple , au préjudice
des vrais talens et de la vertu.

Les Candidats admis, toute difficulté s'évanouit, et l'élection au premier degré conserve tous ses avantages. Je vais
me faire entendre par un exemple : je suppose que le
département de Paris ait cent mille citoyens divisés en 60
communes ; je suppose que 10 mille citoyens aient droit à
nommer un représentant à l'assemblée nationale ; les 60 assemblées d'élection auront 10 députés à élire. Voici comme
je propose qu'elles y procèdent : le procureur-général-
syndic du département leur fera passer la liste des Candidats ; chaque assemblée fera d'abord sur cette liste un
premier scrutin appellé préparatoire ; ceux des Candidats
qui auront obtenu la majorité des suffrages dans ce scrutin,
seront inscrits sur une liste particulière. — Je vais au-
devant d'une objection. On me dira que je borne , par
cette méthode le choix des électeurs, et que je le circonscris
dans les individus domiciliés de chaque département. Je
déclare que je pense que les Candidats de tout l'empire
peuvent concourir à l'élection ; mais qu'ils ne le peuvent
dans tous les départemens à la fois, que la liste des Candidats devra être ouverte, et chacun des prétendans tenu
de se faire inscrire six mois avant les élections, dans le
département qu'il aura choisi ; que ces listes devront être
rendues publiques par tous les moyens praticables, afin
que la discussion s'établisse d'avance sur les qualités des
prétendans. Dans l'exercice de la souveraineté d'un peuple
qui couvre un aussi grand empire , il est des précautions
à prendre pour que le peuple n'en fasse pas un usage fu-
neste à ses plus chers intérêts ; il faut défendre l'honnête
artisan, le simple habitant des campagnes , de l'astuce et
de l'activité des méchans , des ambitieux et des intrigans ; et
la loi qui restreindra les candidats à choisir un département ,
et les moyens que je propose auront cet avantage sans aucun
inconvénient pour la liberté publique. Je répète que ceux

qui auront obtenu le plus de suffrages dans le scrutin préparatoire, seront inscrits sur une liste: alors commencera
l'élection. Chaque assemblée élémentaire pourra élire dix
personnes. Le procès-verbal de l'élection portera soigneusement le nombre des votans et la quantité des voix, pour
et contre, obtenues par ceux qui seront élus par le second
scrutin, dans lequel on ne pourra choisir qu'entre ceux
qui auront obtenu une première majorité dans le premier.
— Le conseil général du département assemblé recevra
les procès-verbaux d'élection des 60 assemblées élémentaires, et recensera publiquement les suffrages obtenus par
les divers candidats élus ; et les dix qui auront réuni
la majorité des suffrages des citoyens qui auront voté dans
les 60 assemblées composant la cité du département, seront proclamés représentans de la nation. S'il y a égalité
entre plusieurs, l'âge ou le sort décidéront. — Je pense
que ce mode d'élection doit procurer à la république un
corps législatif pur, et une excellente représentation.

J'observerai qu'il faut opter; ou prendre la représentation, au second degré, en conservant les corps électoraux:
et certes c'est s'éloigner des principes ; ou se résoudre à
renfermer les concours pour l'élection dans les divisions
principales de la cité. . . Je sais bien qu'on me répondra
que je viole le principe de l'unité représentative. Placé
entre deux écueils, je me suis éloigné de celui sur lequel
le naufrage me paroissoit assuré ; j'invite une main plus
habile à nous sauver de tous les deux.

Je sais qu'en divisant la représentation de manière que
six ou huit assemblées élémentaires de communes eussent
le droit de nommer un député, on gagneroit du tems,
et je penchois d'abord pour ce moyen ; mais on m'a fait
craindre l'influence de l'intrigue et de la corruption dans
un cercle électif trop étroit. Si l'on adoptoit ce dernier
parti , il faudroit l'environner de grandes précautions ;
et peut-être qu'en combinant ensemble le choix et le
hasard, on pourroit s'attacher à cette idée qui a le très-

grand avantage d'économiser le tems , ce patrimoine dù pauvres et la plus chère propriété des nations industrieuses.

J'ai pris soin de former l'assemblée nationale par une émanation directe du peuple , parce que j'en veux faire la source de toutes les autorités tutélaires de la nation. Ici quelques idées générales se présentent.

Avant de poser le faîte de l'édifice , c'est - à - dire , ce point de la pyramide où la constitution et le gouvernement doivent se présenter à-la-fois réunis et distincts , indépendans dans leurs actions et inséparables dans leurs intérêts , je dirai que l'organisation du corps politique sera d'autant plus parfaite , que ses organes se rapporteront plus identiquement avec ceux du corps individuel. Car qu'est-ce que le corps politique ? une agrégation d'individus , qui , considérés dans le système de l'association , doivent vouloir et agir dans le même sens. Comme l'individu , le corps politique veut , agit , fait ; son entendement doit réunir les facultés par lesquelles l'homme pense et se meut. Dans l'homme sage, la réflexion précède la pensée : la pensée, la volonté ; la volonté, l'action ; eh bien ! voici l'organisation du corps politique telle que je la conçois ; une assemblée nationale , ou la volonté ; un tribunal de censeurs , ou la réflexion ; un conseil exécutif, ou l'action : et voici l'ordre de la génération de ces parties.

La nation ou le souverain , les sections de commune.

Les communes ou assemblées élémentaires , ou municipalités principales.

L'assemblée nationale ,)
Le tribunal des censeurs, } le conseil national intermédiaire
Le conseil exécutif ;   )

C'est à la convention nationale actuelle , revêtue de tous les pouvoirs , qu'il appartient de combiner cette organisation du corps politique , c'est-à-dire , la constitution dont le mouvement ne commencera , conformément au

principe , que lorsque la nation elle-même l'aura
ordonné.

Je vais expliquer les fonctions diverses des parties du
corps politique représenté , telles que je viens de les dé-
duire ; mais j'entends dire , l'assemblée nationale fera
des loix , le conseil exécutif les fera exécuter ; que voulez-
vous de plus ? pourquoi cette troisième roue qui com-
plique votre machine , si simple jusqu'à ce moment ?
pourquoi ce tribunal des censeurs ? pourquoi ce conseil
intermédiaire ? Pourquoi ? je vais le dire , et j'appelle ici
les hommes qui ont médité sur la nature , les gouvernemens et l'histoire des hommes libres , et qui savent
par quels moyens les meilleures institutions se détruisent ,
et combien il est plus facile de conquérir la liberté que
de la conserver.

En étudiant les diverses institutions politiques des
nations , j'ai cru remarquer que les législateurs avoient
tous cherché , mais sans le rencontrer , le pouvoir con-
servateur du pacte social , et que dans l'organisation du
corps politique , ce régulateur n'avoit jamais été combiné,
sans qu'il ne s'y fût mêlé quelque levain d'aristocratie ,
semence de discorde et de corruption , qui avoit amené
plus ou moins rapidement la ruine de l'édifice social. Le
moment est arrivé , je pense , d'offrir un plus parfait
modèle au monde ; le tribunal des censeurs que je vous
propose , loin de porter atteinte au principe primordial
de notre association , l'égalité , sera créé pour le conserver,
pour le défendre contre les sourdes atteintes des riches
et des ambitieux. Les Romains confièrent la garde du
feu sacré à des Vestales. Vous ferez mieux , vous con-
fierez la garde de l'égalité à des sages , à des philosophes.
Voici , messieurs , comme je propose d'organiser ce
tribunal : je tracerai plus bas ses fonctions.

Il sera composé de 21 membres ; sa formation sera
faite par la convention le dernier jour de sa session ,
et ce sera le dernier acte de ses pouvoirs ; sa rénovation

se fera par le corps législatif , et sera le terme marqué à sa puissance politique. On ne pourra prétendre à cette élection que dans un âge déterminé , et par la suite on pourra exiger de ceux qui pourroient en faire partie , d'avoir exercé un emploi municipal. Les censeurs auront un banc en forme de tribunal dans l'assemblée nationale , au milieu de la salle , en avant du bureau , et sept d'entre eux seront tenus d'assister aux séances du corps législatif. Peut-être sera - t - il utile de leur donner un costume.

Des devoirs du tribunal des censeurs.

Ils n'auront point voix délibérative dans l'assemblée nationale ; mais ils seront chargés d'y maintenir l'exécution des loix qui y règleront le mode des délibérations , et l'ordre prescrit par le règlement , en prononçant sur les perturbateurs , qui, dans ce cas , lui seront dénoncés par un décret de l'assemblée ; car la police habituelle continuera d'être la fonction du président : mais pour ce qui concerne les délits dont un représentant du peuple peut se rendre coupable , l'assemblée nationale continuant d'exercer les fonctions de juré d'accusation, le tribunal des censeurs remplira celles de juré de jugement.

Les fonctions politiques du tribunal des censeurs seront de deux natures ; la première s'appliquera à l'examen des décrets du corps législatif, dans leur rapport avec les principes de la constitution et les loix précédemment rendues ; la seconde, à celui de la conduite politique des corps constitués secondaires, dans le même rapport. Chargés de conserver et de défendre le dépôt sacré des loix constitutives , les censeurs devront dénoncer toute infraction , en ce genre , au peuple , et en poursuivre le redressement pardevant l'assemblée nationale. Ce tribunal doit être , dans l'ordre politique des autorités constituées, ce que le tribunal de cassation est dans l'ordre civil judiciaire ; avec cette différence qu'il n'exercera que les fonctions d'accusateur public près de l'assemblée nationale , pour tous les délits politiques.

Voici les conséquences de ce pouvoir, et l'ordre dans lequel il devra s'exercer, suivant les différens cas auxquels il peut s'appliquer. Les décrets n'auront force de loi qu'avec cette formule qui contiendra l'approbation des censeurs :

Vu et reconnu la loi conforme aux principes des conditions du contrat social; ou celle-ci , *laissez passer*. Cette seconde formule avertira les citoyens que , malgré les représentations des censeurs, le corps législatif a persisté. La loi devra néanmoins être mise à exécution ; mais la législature suivante sera tenue de la revoir dans le premier mois de sa session , soit pour l'abroger, soit pour la confirmer ; dans ce dernier cas , le nouveau tribunal de censeurs ne pourra lui refuser la formule définitive d'approbation.

Le droit d'examiner les décrets sous leurs rapports politiques , forcera le corps législatif à remettre en délibération les décrets qu'il auroit rendus, et que le tribunal auroit jugé susceptibles d'observations ; mais le tribunal ne pourra exercer ce droit que deux fois sur la même loi ; si le corps législatif persiste à la seconde fois , et s'il n'est pas ramené lui-même par l'effet d'une seconde discussion , c'est alors qu'il fera usage de la formule *laissez passer*.

Si les corps politiques s'arrogeoient les fonctions des uns des autres , ces corps ou les citoyens lésés dans l'exercice des droits garantis par le pacte social , porteront l'accusation au tribunal des censeurs : dans ce cas , les censeurs donneront leurs conclusions ; mais il faudra que leur avis soit confirmé par un décret de l'assemblée nationale. Si la plainte étoit portée au corps législatif, car les citoyens auront ce double recours , alors le décret rendu aura besoin de l'approbation des censeurs. Mais si le corps législatif lui-même , ou le tribunal des censeurs, sont accusés d'entreprise contre les droits civils et politiques de la nation , le conseil exécutif sera tenu de donner son avis en contradiction ou opposition du jugement porté contre l'un ou l'autre , et le jugement définitif demeurera ajourné à la première semaine de la première session de la prochaine législature.

Par ces précautions , le peuple sera toujours averti des entreprises des pouvoirs délégués contre ses droits, et le débat élevé entre ceux qu'il aura chargés de vouloir et d'agir en son nom , se passant sous ces yeux , il se verra par le fait appellé tout entier à les juger ; ainsi ses nouveaux représentans n'auront , en quelque sorte , qu'à prononcer le sentence dictée par l'opinion publique. C'est par de tels moyens qu'on peut assurer la durée de la république , et conserver dans leur pureté les autorités et le gouvernement représentatif : car ce gouvernement nécessite la surveillance la plus active : ou bientôt , avec les formes républicaines , vous n'auriez en effet qu'un gouvernement tyrannique , un despotisme déguisé , d'autant plus redoutable qu'il agiroit au nom de la loi. L'action du tribunal des censeurs sur les mœurs publiques est encore un point essentiel , et dans mes idées , il doit , sous ce rapport , embrasser tout ce qui sert à éclairer et à former l'esprit et le cœur des peuples, et le caractère national ; les spectacles , et tout ce qui tient à l'éducation publique et à l'instruction , seront donc confiés à la surveillance des censeurs ; ils visiteront chaque année les colléges , et sur-tout les écoles primaires. C'est là que commence le vice ou la vertu ; c'est là qu'est le berceau de la liberté; c'est de là que doivent sortir des hommes nouveaux et des ames vraiment républicaines. Je ne fais qu'indiquer la haute importance de l'institution du tribunal des censeurs, que je ne pourrois développer , sous tous les rapports que j'indique , sans m'écarter de mon but : j'y reviens.

Toute réflexion , observation ou discussion sur le

fonds des loix, sera interdite au tribunal des censeurs.
C'est à ceux qui seront chargés de les faire exécuter que
ce devoir doit être imposé.

Le conseil exécutif sera composé de sept personnes qui
se présideront alternativement (1).

Le premier acte de la législature entrante, sera d'élire
ou de confirmer les membres du conseil exécutif (2) ;
il y aura un secrétaire du conseil, également élu de la
même manière que les membres et pour le même tems.
S'il vient à vaquer un ministre pendant la session, il sera
remplacé par le conseil exécutif même, si cette vacance
est occasionnée par la mort, la retraite ou la maladie.
Mais dans le cas où elle seroit la suite d'un décret du
corps législatif, qui déclareroit que tel ou tel membre du
conseil exécutif ou tout le conseil exécutif a perdu la
confiance de la nation, alors le droit de le remplacer
appartiendroit au tribunal des censeurs. Le conseil exécutif nommera les commandans des armées, et ce haut
rang pourra être déféré, sans distinction de rang, à tout
militaire ayant commandé mille hommes. La responsa-

(1) L'organisation du conseil exécutif, c'est-à-dire, la
distribution de l'administration des affaires de la république
entre les ministres, est un objet de la plus haute importance.
— Ce travail me paroît être du ressort de la convention,
et doit suivre immédiatement l'acte constitutionnel et l'organisation du corps législatif, qui, dans nos idées, en est insé-
parable. — Je me propose de présenter à la convention un
projet sur cette matière, que je regarde comme le complé-
ment de cet ouvrage.

(2) On y procédera de la même manière qu'il a été dit pour
le remplacement des fonctionnaires publics, à la nomination
des assemblées élémentaires des municipalités principales, par
un scrutin indicatif, lequel donnera les noms des ministres
à remplacer.

bilité

bilité des ministres sera simple ou collective , suivant ce qui sera spécifié. Elle portera principalement sur l'exécution des loix , et l'emploi des deniers publics.

Droits politiques du conseil exécutif.

Avec un roi , le pouvoir exécutif étoit le plus dangereux ennemi des droits du peuple , et l'égalité , et la liberté, des mots vides de sens ; mais dans la république , le pouvoir exécutif est la force de la nation , et c'est par ce pouvoir qu'elle doit être tranquille au dedans , terrible et respectée au dehors.

Il doit nous offrir sans cesse des hommes recommandables par leurs vertus , et les plus sincères , et les plus ardens promoteurs des principes sacrés sur lesquels nous fondons la république , l'égalité des droits ; car les exemples de ceux qui gouvernent les nations sont très-importans. Gâtés par tant de mauvais exemples , les François ne seront régénérés que par une suite non interrompue d'exemples contraires. Il faut réhonorer le pouvoir exécutif ; car c'est sur lui que reposent les destinées de l'empire : il ne faut pas se le dissimuler , les difficultés ne sont pas où l'on parle , mais où l'on agit : c'est par l'exécution que tout périt ou se maintient. Organisons donc un pouvoir exécutif vigoureux , éclairé , républicain , et que ses lumières se répandent dans le sanctuaire des loix , que son expérience y vienne prêter un appui solide aux spéculations philosophiques , qui manquent quelquefois de justesse , parce que les gens qui les conçoivent manquent d'expérience ; c'est par-là que vous affermirez la liberté Françoise , et que , par votre puissance et l'exemple de votre bonheur , vous fonderez la liberté du monde ; car les exemples , les faits , persuadent mieux que les préceptes , quelqu'évidens qu'ils soient. Les devoirs généraux du conseil exécutif sont connus , mais ses droits dans

D

le corps politique restent à déterminer. Je vais les trouver dans la nature de ces devoirs mêmes.

La première condition des loix est d'être exécutable ; la seconde, d'être claire ; la troisième, d'être utile ; la quatrième, d'être nécessaire. Les droits du conseil exécutif reposeront sur ces points, et ses représentations devront les avoir pour objet. L'effet des représentations du pouvoir exécutif sur une loi considérée sous ces rapports, sera d'obliger le corps législatif à remettre la loi en délibération, après l'avoir renvoyée, avec les observations des ministres, à l'examen d'une commission ad hoc, et sur le rapport de laquelle l'assemblée se décidera, soit à modifier le décret, soit à le retirer, soit à persister en le confirmant ; décision qui ne pourra être portée que huit jours, au plus, après que les représentations du pouvoir exécutif lui auront été communiquées. Dans les cas d'urgences, la décision du corps législatif sera définitive, et quelle qu'elle soit, le conseil exécutif sera tenu de procéder à l'exécution. Voilà par quels moyens j'ai cru que vous pourriez modérer les mouvemens du corps législatif, et conserver sans danger cette précieuse unité qui fait notre force et fera notre gloire.

Il me reste à déterminer maintenant la nature du conseil national intermédiaire, institution dont, au premier coup-d'œil, on n'apperçoit pas la nécessité ; cependant un instant de réflexion suffit pour concevoir le danger d'un corps législatif toujours existant. Si le cours des évènemens a prolongé, parmi nous, l'existence de cette grande puissance, en doit-on conclure, que dans un autre ordre de choses, la présence de ce corps sera toujours nécessaire. La lutte de la nation contre un pouvoir ennemi, est terminée. La royauté n'est plus. Tout pouvoir maintenant est émané du peuple. Lorsqu'une bonne constitution aura distribué ses pouvoirs, organisé notre ordre social actuel ; qu'enfin nous aurons un gouvernement ; que l'assemblée nationale sera ramenée à ses fonctions uniques , la législation , l'examen des comptes des ordonnateurs des dépenses publiques , l'assiette des contributions , l'équilibre entre les recettes et les dépenses , et le maintien des loix faites , l'affermissement des principes ; que le retour de la paix et la gloire de la république auront rétabli la sécurité et l'ordre intérieur; alors on peut prévoir un moment où les assemblées nationales pourront entrer en vacances. C'est pour cette époque éloignée sans doute, mais que le législateur doit prévoir , que je prépare un corps politique intermédiaire dont le principe soit dans la constitution , et qui ne puisse jamais servir à la changer , lequel soit néanmoins assez fort pour rassurer la nation contre toute entreprise du pouvoir exécutif , et capable de suppléer aux besoins que quelque circonstance imprévue pourroit faire naître , dans l'absence du corps législatif. Dans mes idées , le conseil national intermédiaire n'acquerra d'existence qu'au moment où le corps législatif entrera en vacances , et la perdra le jour où ce corps rentrera dans ses fonctions. Il me semble encore essentiel qu'avant l'époque de son installation , les individus qui devront le composer soient inconnus , et que nul pouvoir ne puisse proroger la reprise des fonctions du corps législatif, ni déterminer la durée de ses vacances , que lui-même. Avec ces précautions, toutes craintes s'évanouissent ; car le conseil intermédiaire ne pourra influer sur cette détermination , puisque 1°. les membres qui devront le composer ne seront pas tirés du corps législatif; 2°. qu'ils ne pourront être connus qu'après que le décret de vacance aura été rendu. Ainsi nulle crainte à cet égard d'empiétement de pouvoir. Je présente cette idée à l'avance pour repousser les terreurs paniques par lesquelles la malveillance tentera de dissiper cette institution nécessaire, et conservatrice d'un ordre stable et régulier dans le gouvernement.

Le conseil intermédiaire sera composé de quatre-vingt-trois membres : un pour chaque département. Je proposerois de les tirer au sort entre les députés suppléans de chaque département , avec cette condition constitutionelle qu'ils changeront à chaque vacance du corps législatif (1). Leurs fonctions seront de donner au pouvoir exécutif les autorisations dont il jugeroit avoir besoin , dans les cas qui n'auroient point été prévus par les loix. Les décisions du conseil intermédiaire seroient intitulées loix provisoires. Elles n'acquerroient le caractère de loix définitives qu'après avoir été ratifiées par le corps législatif; et pour être provisoirement exécutoires , elles auroient besoin de la formule approbative du tribunal des censeurs. Le refus de cette approbation renverroit ces décisions au jugement de l'assemblée nationale législative ; mais alors , si le conseil exécutif croyoit la sûreté de l'état compromise par l'opposition censoriale , alors il seroit tenu , sur sa responsabilité , de convoquer , par une proclamation , le corps législatif. On peut étendre ou resserrer les fonctions du conseil intermédiaire national ; mais la nature de cette institution exige que les limites en soient posées , avec une grande précision , dans la constitution même. On sent aisément le danger de les laisser flottantes , puisqu'il en pourroit arriver qu'il acquerroit une force qui , dépendant des circonstances , pourroit détruire l'harmonie des pouvoirs.

(1) Il résulteroit de ce mode , 1º. la nécessité de porter au choix des suppléans le même soin qu'au choix des titulaires; 2º. que la suppléance ne seroit plus dédaignée ; 3º que les suppléans seroient condamnés à s'occuper de la chose publique , afin de se rendre dignes des hautes fonctions auxquelles la chance de leur position pourroit les appeller.

Il est un point qu'il sera nécessaire d'interdire sévèrement à ce pouvoir intermédiaire , celui de statuer sur aucune des parties de la fortune publique ; on conçoit assez dans quel esprit ces conditions et ces réserves doivent être reglées : et ces précautions , en fixant la nature de cette institution , n'en laissent plus paroître que les avantages , qui sont l'expédition des affaires, l'économie, et la marche régulière du gouvernement. Je ne crains point d'ajouter qu'elles font disparoître l'inconvénient , plus grand peut-être qu'on ne l'imagine , d'un grand corps toujours assemblé , et voulant toujours faire ; ce qui ne se pourroit bientôt qu'en défaisant l'ouvrage des autres , en mettant une instabilité constante dans le systême de la législation , instabilité qu'on peut regarder comme le plus redoutable ennemi de la prospérité des empires et du bonheur des individus. On aime les loix pour deux raisons , et parce qu'elles sont bonnes , et parce qu'elles sont anciennes. Laissons vieillir les loix , et gardons-nous d'en vouloir faire tous les jours.

Voilà l'esquisse de la constitution telle que nous l'avons conçue ; il ne sera peut-être pas inutile à la convention , de donner quelque publicité à ces premières idées ; elles entraîneront une discussion publique qui répandra son jour sur les questions épineuses que j'ai franchement abordées , mais que je suis loin de croire avoir résolues suivant le vœu du plus grand nombre. J'avois le droit de l'entreprendre; et j'ai cru remplir un devoir en m'en occupant sans passion , sans intérêt , sans autre objet que de servir la république. Vivement pénétré des sentimens qui doivent, à cet instant, électriser toutes les ames, né libre et républicain par instinct , avant de l'être par la réflexion et le décret du 21 septembre 1792 , j'ai cherché les moyens de faire passer à nos neveux les inestimables avantages d'un gouvernement sans roi, d'un état social sans nobles. Puisse ce travail prouver à mes concitoyens , à ceux qui m'ont honoré de leurs suffrages et revêtu du caractère sacré de représentant du premier peuple de la terre , que j'étois au moins digne de leur estime par mes principes , et que si d'autres ont reçu de la nature plus de talens , nul ne me surpassera dans la ferme résolution de combattre la tyrannie , et de fonder l'empire des loix sur les ruines du pouvoir absolu, de l'anarchie et de la royauté.

DES ÉLECTIONS

ET

DU MODE D'ÉLIRE

PAR LISTES ÉPURATOIRES.

§. 1. *La convention nationale doit promptement recher-*
cher le meilleur mode d'élire.

LA Convention nationale a décrété le renouvellement
des corps administratifs, des tribunaux et des municipalités. L'exécution de ce décret a été retardée par une discussion trop prolongée, sur des points accessoires peu
importans. Il étoit cependant très-désirable qu'on l'accé-
lérât, pour ne pas laisser les administrations dans une in-
certitude nuisible à la marche, comme à l'exactitude, de
leurs travaux. Mais au moins devoit-on discuter avec soin
le mode d'élire, afin d'en prescrire un satisfaisant, et de
le rendre uniforme pour toute la République.

Le mode d'élire provisoire, que la convention auroit
choisi, outre qu'il auroit été d'une utilité actuelle très-
instante, auroit encore servi d'expérience pour le point
constitutionnel le plus difficile, qui doit être la pierre angulaire de l'édifice dont l'élévation lui est confiée. Il est
donc probable que la Convention nationale prescriroit
encore, aux assemblées électorales qui ne doivent se
réunir que le 11 novembre, un nouveau mode d'élire, si,
persuadée de le déterminer facilement, elle étoit instruite
des reproches, des murmures même, que l'on fait éclater
de toutes parts.

L'exemple de la Convention sembloit conseiller l'appel
nominal, quoiqu'il soit évidemment susceptible d'une
multitude d'abus graves dans les assemblées du peuple.

Plusieurs ont voulu s'en servir ; la masse des citoyens

est cependant disposée à se soumettre à la loi : mais quelques-uns s'en inquiètent ; les agitateurs en profitent ; et il seroit préférable , sans doute , en remédiant en même-tems , à tout le mal qui doit découler d'élections faites par un mauvais mode , de faire disparoître cette occasion d'inquiétude , ou de désordre.

§. 2. *Du meilleur mode d'élire.*

La Convention nationale devroit rechercher le meilleur mode d'élire , ne fût-ce que pour s'en servir elle-même , et ôter tout sujet de reproches à ses propres élections. Ces reproches se fondent sur ce que le mode dont on se sert , est réellement imparfait. Le vœu de la majorité ne paroissant pas en résulter d'une manière évidente , les petites passions murmurent ; elles enflamment les imaginations ; et celles-ci créent des partis qui sont des fantômes , et n'ont de réel que ce qu'il s'ensuit de défiance et d'aigreur , entre des hommes quelquefois également estimables.

C'est donc une chose, sous tous les rapports, à l'ordre du jour, que de fixer, dès ce moment, les idées sur la matière dont il est ici question.

Le meilleur mode d'élire doit, à mon avis, réunir à lui seul plusieurs avantages qui ne se trouvent point rassemblés dans aucun de ceux qui sont employés communément. Il faut que tout citoyen puisse être présenté comme candidat ; que les informations particulières, et non *des discussions diffamatoires*, mûrissent le vœu de tous les électeurs, afin qu'ils le donnent tous, exactement, et ne le donnent qu'avec conviction : il faut que la publicité rappelle ce qui est dû à l'opinion publique, sans empêcher de voter rigoureusement selon sa conscience ; que la longueur superflue des élections ne dégoûte pas les citoyens d'y venir ; qu'elle ne constitue pas la nation en dépenses superflues et suspende le moins possible les travaux.

Il faut enfin que les personnes choisies réunissent, autant qu'il est possible, la majorité réelle des suffrages ; et que ce mode, préservant le droit de chacun d'être élu, conserve aussi le droit, et assure l'intérêt de TOUS, de ne voir aux places que ceux des hommes vertueux qui ont aussi le plus de lumières.

Ces *six* conditions sont essentielles, pour que les élections soient libres, et que les droits de chaque citoyen, de chaque électeur, et de la RÉPUBLIQUE, soient pleinement préservés. Le mode d'élire qui résoudra le mieux ce problême intéressant doit être préféré ; et sa recherche intéressera sans, doute tous les bons citoyens, comme elle doit occuper tous ceux qui sont capables d'y porter des lumières.

§. 3. *Du mode d'élire par listes épuratoires.*

J. P. Brissot fit proposer à l'assemblée nationale constituante ce mode d'élire : elle se garda bien de l'adopter : on vit sans doute qu'il renverseroit, seul, une constitution dont les ressorts devoient être l'intrigue et la corruption.

Je le conseillai alors aux sociétés patriotiques, pour préparer une liste de candidats, propre à éclairer les élections des membres de l'assemblée législative ; (1) mais il me parut ne pas plaire davantage aux ambitieux de ces sociétés. Si elles l'avoient adopté pour leur propre régime, elles se seroient elles-mêmes délivrées, et c'eût été beaucoup, de l'influence de bien des gens qui déshonorent la liberté, la calomnient aux yeux de l'Europe, et épaississent le voile qui en cache la pureté et les avantages (2).

(1) Voyez, entre autres journaux qui insérèrent mon invitation, le *Mercure universel*, rédigé par *Tournon*, (août ou septembre 91.)

(2) Voyez ce que j'ai dit à ce sujet dans la Chronique du mois (juin), *De l'influence de la liberté, sur la santé, la morale et le bonheur.*

E

La première opération du mode d'élire par listes épuratoires , est que chaque électeur écrive, sur une liste ,
toutes les personnes qu'il veut désigner : il signe cette liste
et il la dépose. On donne l'intervalle nécessaire, pour que
chaque électeur examine, qu'il fasse et dépose la sienne.
On fait le dépouillement de ces listes, à mesure qu'elles
arrivent. Ce dépouillement se fait à haute voix et en public. On forme une liste générale de tous les noms qui
sont désignés. On la fait rapidement imprimer; et on la
distribue ensuite à tous les électeurs. Cette liste s'appelle
liste indicative.

Chaque électeur , pour la seconde opération, après
nouvel examen, marque d'une croix , sur l'exemplaire de
cette liste qu'il a reçu , les noms de ceux qu'il préfère ,
et il en marque un nombre quadruple de celui des élections. S'il y a par exemple trente personnes à nommer , il
doit marquer cent et vingt noms; il signe ensuite cette
liste , et il la dépose comme la première. On dépouille de
même ces nouvelles listes, et l'on en dresse une, où l'on
met les quatre vingt-dix noms qui ont réuni le plus de suffrages. Cette liste se nomme *liste triple.* On la fait de
même rapidement imprimer et distribuer aux électeurs.

La troisième opération consiste à procéder, comme pour
la seconde. Mais sur cette liste qui est encore triple du
nombre des choix qui sont à faire , chaque électeur ne
marque seulement que soixante noms. Après cela , il signe
et il dépose la liste au même lieu et dans le même intervalle. On fait en public le dépouillement de ces troisièmes
listes ; on en dresse une des soixante noms qui réunissent
le plus de suffrages ; on la fait imprimer, et on la distribue
aux électeurs.

A la quatrième et dernière opération, chaque électeur
marque d'une croix le nom des trente personnes qu'il préfère , parmi les soixante restant sur la liste. Il la signe et la
dépose. Le dépouillement de toutes les listes se fait encore,

comme celui des autres , par les mêmes moyens , en laissant le même délai ; et les trente noms qui réunissent le plus de suffrages , sont ceux des personnes élues. Le nombre des voix désigne leur rang , et fixe leur place.

Pour élire par ce mode , il est facile de concevoir, qu'il n'est pas nécessaire de réunir les électeurs dans un même lieu , ni de les contraindre à être les témoins inutiles d'opérations fastidieuses.

Il suffiroit de faire nommer , d'une manière satisfaisante, des personnes dignes de la confiance publique , pour conduire l'élection : ces personnes alors recevroient les listes ; elles en feroient le dépouillement en public ; elles en adresseroient le résultat aux électeurs ; ceux-ci renverroient celui de leur nouveau choix ; et sans déplacer, l'on pourroit ainsi faire élire tous les fonctionnaires publics, par les citoyens électeurs qu'il appartiendroit , pris , séparément, ou dans tout l'empire , et même , quand on voudroit , au-dehors , ce qui seroit une insigne faveur nationale.

A plus forte raison , les assemblées électorales, qui se réunissent, pourroient-elles au moins s'affranchir de la nécessité de ces rassemblemens si longs et si pénibles , dans des lieux incommodes , mal-sains , et souvent incapables de les contenir.

La gêne que l'on y éprouve , mille inconvéniens, mille abus qui s'y font sentir , dégoûtent les bons citoyens : et c'est assurément une chose instante , que de remédier à un mal si préjudiciable à l'esprit public.

Que risqueroit-on à confier aux départemens la nomination du directoire de l'élection parmi les électeurs, ou d'autres citoyens ? On laisse bien le choix des jurés, au jugement des seuls procureurs des communes et des départemens : la foi des élections exigeroit-elle plus que l'honneur et la vie des citoyens ? On pourroit donc certainement s'en rapporter , tout aussi bien, à un nombre de personnes ainsi nommées, pour conduire , sous les yeux du public, toutes les opérations du mode d'élire par listes épuratoires.

En fixant à 12 heures, pour les électeurs réunis, l'intervalle à leur laisser, pour remettre à un dépôt donné, les listes, les douze heures suivantes de la journée suffiroient pour le dépouillement et l'impression; ce qui réduiroit à un jour chaque opération, et à quatre, l'élection entière. En outre, pendant ce tems, les électeurs seroient libres, ils n'auroient qu'à remettre ou à faire tenir leurs listes signées, au dépôt, dans l'intervalle fixé, et à reprendre celles qui en donneroient le résultat. Ceux qui le voudroient, assisteroient au dépouillement des listes : les autres iroient à leurs affaires, ou bien ils se consulteroient sur leurs choix ; personne ne manqueroit alors à son devoir; tout électeur donneroit exactement son suffrage ; la raison seule, sans passions et sans préjugés, le dicteroit : et les élections cesseroient d'avoir ce caractère d'exclusion, de trouble, de désordre et de parti, qui les déshonore, et qui finira par perdre immanquablement la CHOSE-PUBLIQUE, si elle n'y remédie.

§. 4. *Avantages du mode d'élire par listes épuratoires.*

Tous les avantages de ce mode d'élire sont frappans. Il réunit celui des candidats ; car il devient très facile d'être produit : et cette manière de les proclamer, vaut mieux que la présomption de s'offrir.

Les électeurs débarrassés d'entraves inutiles et préjudiciables, ont le tems d'examiner et d'aller aux informations que la probité approuve, d'abord, sur les personnes à désigner, et ensuite, pour se consulter et se décider, à chaque épurement, sur celles à préférer.

La publicité du vœu de chaque électeur est encore un avantage essentiel; il donne même l'estime graduée que chaque candidat obtient, comme celle que chaque électeur lui donne ; et ce tableau peut offrir, pour ainsi dire, l'inventaire moral de la nation , et lui servir en tout tems de répertoire.

On ne peut faire à ce mode les mêmes reproches qu'à l'appel nominal. L'imitation , l'exemple , la foiblesse , ou le penchant à réunir sa voix au vœu qui paroît triompher , n'influent point sur son résultat : l'on se détermine , selon ses lumières et sa conscience , sans craindre des cris , des huées , des injures et même des menaces , comme cela s'est vu dans les élections dominées par les plus audacieux. Chacun cependant répond de son choix par sa signature , et le public juge paisiblement et sans être prévenu , si ce choix le recommande ou bien le déshonore.

Personne ne se trouve élu précipitamment , comme dans les élections au scrutin , où toutes les nominations sont toujours le produit d'une cabale , ou d'une confiance irréfléchie et dangereuse : la célérité cependant la plus grande se trouve encore dans le mode d'élire par listes épuratoires , puisque , par lui , l'on peut terminer , en quatre jours , les élections les plus nombreuses , auxquelles il faudroit autrement employer des mois entiers.

La majorité absolue des suffrages , qui , dans ce mode , se réunit nécessairement sur les personnes élues , concilie ensuite merveilleusement les esprits. Il suffit , pour calmer les plus passionnés et les plus injustes , que les élections soient évidemment à l'abri des soupçons et des plaintes , de la part des hommes même les plus difficiles. Car personne n'osera jamais , sans doute , blâmer hautement le peuple , ou ceux à qui il a donné sa confiance , de choisir non pas ceux qui désirent les places , mais ceux qui en sont crus les plus dignes.

Chaque opération , après la liste indicative , est une sorte de tamis qui laisse progressivement échapper le nom de ceux qui offrent le moins les conditions propres à déterminer le vœu des électeurs. C'est une sorte de filière , à travers laquelle ne peuvent passer les noms de ceux , des principes ou de la conduite desquels on ne seroit pas parfaitement assuré. Une réputation intacte fera seule en effet franchir cette barrière fermée à l'intrigue la plus habile, quand les élections seront laissées aux électeurs les plus nombreux.

Ces opérations sont indépendantes les unes des autres ; elles peuvent être séparées par l'intervalle qu'on voudra, proportionné à l'éloignement des électeurs. Car elles n'exigent même point, si l'on veut, leur déplacement. Les listes peuvent être officiellement reçues et envoyées. Il suffit que le choix des préposés au dépouillement, sa publicité, et le dépôt des recensemens et des pièces, mettent les résultats à l'abri de tout soupçon.

Rien n'empêche encore qu'on n'imprime, ensemble, les listes d'une élection, pour servir de règle et d'instruction aux suivantes, et que l'on ne prenne pour base du mode d'élire que je propose, la division numérique par *dixaines*, *centaines* et *milles*, que j'ai ailleurs demandée. Ces deux moyens secondés par l'imprimerie, les postes et l'instruction publique, si nécessaires à faire entrer comme élémens de toute détermination générale, mettront un jour la France à même d'exprimer, avec autant de clarté qu'un individu, sa volonté forte, inaltérable, indivisible. Mais il faut aussi le concours de la paix intérieure et des mœurs républicaines. Car ces ressorts ne peuvent recevoir que d'elles, la vigueur dont ils sont susceptibles, et la précision sans laquelle ils ne sauroient agir avec succès.

Ce seroit donc une chose infiniment convenable, que de consacrer dès-à-présent le mode d'élire par listes épuratoires, afin d'en éprouver tous les avantages, et que le comité de constitution n'ait plus qu'à le perfectionner, en l'adaptant à toutes les circonstances, en approfondissant les modifications dont il est susceptible, telles, par exemple, que la sanction des personnes par les assemblées primaires, et en faisant prendre, dans chaque lieu, les mesures nécessaires à sa plus parfaite exécution.

Les sociétés patriotiques devroient, au reste, se hâter

au moins de s'en servir. Plus elles sont nombreuses, plus elles auroient besoin d'être conduites par les hommes de mérite qu'elles renferment : et cependant il est notoire, que ce sont celles-là mêmes qui se laissent, à la fin, le plus gourmander par les têtes évaporées des audacieux et des vrais intrigans.

Le mode d'élire par listes épuratoires, peut servir dans un sens inverse, et être, pour elles, un excellent moyen d'épurement. Mais pour le faire avec utilité, raison et justice, il faut que tous les membres concourent individuellemeut au choix des personnes à extraire ; il faut déterminer d'avance le nombre qui doit sortir et arriver par degrés, et un triage bien précis, à faire tomber ce choix sur ceux que la société désire véritablement voir hors de son sein. Alors, sans doute, des citoyens réunis qui auront un but louable, ne donneront point le scandale de rester associés à des hommes qui les déshonorent ; ni celui de coopérer à des radiations aussi ridicules que celles qui ont souillé sous l'ancien régime la matricule des avocats.

§. 5. *Des élections par le sort.*

Quelques personnes, frappées des justes reproches à faire à tous les modes d'élire employés jusqu'à présent, n'ont pas fait de difficulté de proposer *sérieusement* le sort pour décider de toutes les élections. Mais ces personnes n'ont pas vu que, dans les élections, il y a deux espèces d'intérêts bien distincts. L'intérêt de la CHOSE-PUBLIQUE y contrarie nécessairement l'intérêt du plus grand nombre. Ainsi le droit que l'un et l'autre ont à faire valoir, ne peut absolument se concilier, que par un mode d'élire, qui, laissant à chaque citoyen la possibilité la plus grande d'être désigné et d'être élu, assure néanmoins, pour la RÉPUBLIQUE, que l'élection tombera toujours sur le citoyen le plus vertueux et le plus éclairé.

Vouloir que le sort en décide, c'est choisir au hasard ses propres alimens ; c'est croire que l'on rencontrera justément ainsi ceux qui conviennent à sa santé, au milieu de la variété infinie des substances qu'étale la nature. La paresse sans doute et la vue des imperfections de nos modes d'élire et des abus dont ils fourmillent, plus encore qu'un amour mal-entendu de l'égalité, ont pu, au premier apperçu, gagner à ce système beaucoup de partisans. Mais je ne doute point qu'un peu de réflexion ne les ramène aux vrais principes.

Le sort néanmoins pourroit utilement se combiner avec le mode d'élire par listes épuratoires : cette addition peut lui être faite, si les hommes d'un esprit et d'un caractère propres à remplir les places, paroissent être suffisamment multipliés, pour que le choix soit indifférent entre plusieurs ; et si l'on croit, en même temps, à des intrigues que ce nouveau mode d'élire ne puisse déjouer assez efficacement. On peut, en effet, sans nuire à sa célérité, ni à ses opérations, augmenter, par exemple, d'un tiers ou davantage, le nombre des personnes à élire, et combiner en conséquence celui que l'on doit progressivement désigner sur les listes épuratoires. A la fin de l'opération, l'on auroit à tirer au sort le nombre des personnes à élire, sur celui de celles qui seroient sorties de l'épurement. C'est un dernier moyen de rompre l'intrigue et de tromper les cabales ; je l'indiquai dernièrement pour corriger nos modes actuels d'élection. Celui que j'indique aujourd'hui, me semble assez parfait, pour n'avoir pas le même besoin. On peut cependant, si l'on veut, y mêler encore le sort. Mais je dois avouer ici, que pour étayer l'idée de le faire servir sous certaines modifications, j'ai cité à tort l'exemple d'une société respectable. Mieux informé, je dois contredire cette erreur. Il est au contraire très-fort dans les principes de la société des AMIS, de ne consulter uniquement que le *sentiment intérieur*, quand ils ont des choix à faire.

Des

Des hommes purs , *de bonne volonté* , qui vivent ensemble et se connoissent , ne peuvent mieux faire que de s'en rapporter à leurs propres consciences , pour trouver, parmi eux , les plus capables et les plus dignes de remplir les emplois. C'est quand la société est traversée par des méchans et des ambitieux , capables de se tout sacrifier , que le sort peut, avec utilité, concourir aux élections , afin de tromper leurs criminelles espérances. Ainsi, un peuple libre et corrompu en même tems , l'emploiera ; mais celui qui se trouvera les mœurs dignes de la république , l'outrageroit lui-même , s'il s'en servoit ; pour décider son choix , à moins que ce ne fût pour plus de célérité et pour des places peu importantes , parmi des personnes choisies d'avance , à cet effet.

A TOUS LES RÉPUBLICAINS

DE FRANCE;

SUR LA SOCIÉTÉ DES JACOBINS DE PARIS.

Qui sunt hi qui rempublicam occupare cupiunt ? Homines sceleratissimi , cruentis manibus , immani avaritiá , nocentissimi ; quibus fides , decus, pietas, postremò honesta atque inhonesta , omnia questui sunt. . . . . . . Quos omnes eadem cupere , eadem odisse , eadem metuere in unum coegit. Sed hæc inter bonos amicitia , inter malos factio est. Quòd si vos tam libertatis curam habetis , quàm illi ad dominationem accensi sunt , profectò deinceps respublica non vastabitur. . . . .

Memmius in SALLUST.

Quels sont ceux qui veulent asservir la république ? N'est-ce pas ces scélérats impies , aux mains teintes de sang, et au cœur rempli d'avarice , pour qui tout est trafic , et la foi , et l'honneur , et l'humanité , et le juste , et l'injuste ? Ils n'ont qu'un même désir , qu'une même haine , qu'une même terreur , la terreur qui suit les scélérats : voilà ce qui les unit. Ils ne sont pas amis ; les factieux ne connoissent pas l'amitié. Ils sont en bande. Si vous mettez à défendre votre liberté , l'ardeur qu'ils mettent pour s'emparer des pouvoirs , la république cessera d'être en proie à leurs fureurs.

Paris , ce 24 octobre 1792.

L'INTRIGUE m'a fait rayer de la liste des Jacobins de Paris. Je viens démasquer , aux yeux de tous les républicains de France, les anarchistes qui dirigent et déshonorent la société de Paris. Je dirai ce qu'ils sont, ce qu'ils méditent, ce qu'est devenue cette fameuse société, et ce qu'elle doit être dans le nouvel ordre des choses. Il faut enfin désabuser nos frères des départemens... Elle tombera, elle doit tomber, cette superstition pour la *société-mère*, dont quelques scélérats veulent abuser pour bouleverser la France.

J'aurois gardé le silence, si ma radiation n'étoit pas enlacée à un système général de persécution, qui doit préparer le triomphe des désorganisateurs.

Trois révolutions étoient nécessaires pour sauver la France ; la première a renversé le despotisme ; la seconde anéantit la royauté ; la troisième doit abattre l'anarchie ; et c'est à cette dernière révolution que, depuis le 11 août, j'ai consacré ma plume et tous mes efforts ; voilà mon crime aux yeux des agitateurs....

Je crois à l'existence de leur système désorganisateur ; je l'ai imprimé dans le *Patriote françois* : donc je suis un calomniateur ; donc je suis coupable.

C'est en vertu de ce puissant argument que j'ai été cité à la société et condamné par elle.

Mais depuis quand une opinion est-elle donc un crime ? traitez-la d'erreur, je le veux ; depuis quand une société, qui s'intitule *de la liberté et de l'égalité*, peut-elle censurer ou violenter les opinions ? Depuis quand les journaux sont-ils ou doivent-ils être assujettis à la censure d'une société ennemie de la censure ? Que lui importe que je croie à un parti désorganisateur dans le sein de la convention ? Qui l'a chargé de faire la police de la convention et des journaux ?... Il faut, ou déchirer la déclaration des droits, ou reconnoître que la société l'a violée dans cet acte inquisitorial.

Je ne m'abaisserai pas à relever tous les vices d'une pareille condamnation, ni tous les mensonges de la plate circulaire prêtée aux Jacobins ; circulaire qui prouve que leurs chefs rédacteurs ont autant besoin de leçons de grammaire, que de leçons de logique et de probité. Je vais droit au fonds de l'accusation ; ou plutôt d'accusé , je vais devenir moi-même accusateur. Je dis donc et je répète, qu'il existe un parti désorganisateur , peu nombreux et méprisable à la vérité ; mais dans la crise où nous sommes, il importoit de marquer même les moindres écueils.

Voulez-vous connoître ces désorganisateurs ? Voici leurs traits.

Les désorganisateurs sont ceux qui , après la destruction du despotisme , renversent ou cherchent à renverser les autorités constituées par le peuple , foulent aux pieds les loix, investissent une municipalité de toute la puissance nationale , élèvent entr'elle et les représentans de la nation une lutte impudente , avilissent ces représentans, appellent les poignards sur ceux qui osent résister à la tyrannie municipale.

Les désorganisateurs sont ceux qui , s'armant d'un prétendu pouvoir *révolutionnaire*, signent, au mépris de la loi, des lettres-de-cachet, ou plutôt des arrêts de mort, entassent des victimes dans des cachots, pour les y faire égorger dans des émeutes froidement préparées , inondent les armées et les départemens d'émissaires , chargés de prêcher les incendies , le pillage , la loi agraire , et d'y familiariser le peuple avec l'effusion du sang et le spectacle de têtes coupées.

Les désorganisateurs sont ceux qui entourent le conseil exécutif, et tous ses agens, de faux soupçons , de fausses accusations, pour leur ôter la confiance et ruiner la chose publique par ce défaut de confiance ; qui , par des placards , excitent le peuple contre un ministre, parce qu'il ne veut pas payer l'apologie de leur brigandage ; contre la convention , parce qu'elle ne veut pas sanctionner leurs forfaits ; qui, pour la diviser, y supposent des partis , et pour cacher les crimes de leur faction , en prêtent aux hommes les plus vertueux et indépendans de toute faction.

Les désorganisateurs sont ceux qui, abusant des mots, prêchent à une faction du peuple, qu'elle est le peuple, le vrai, le seul souverain ; qu'elle peut tout renverser; qu'il n'y a plus d'autorité que la sienne ; qui ne veulent ni municipalité, ni corps administratifs, ni pouvoir exécutif, ni tribunaux, ni force armée; qui substituent à tous ces ressorts, un mot, un seul mot: *la souveraineté du peuple*; parce qu'avec ce mot on commande à son gré des Saint-Barthelemi, et qu'on peut voler impunément les propriétés nationales et particulières.

Les désorganisateurs sont ceux qui veulent qu'il n'y ait pas une seule loi, même réglementaire, qui ne soit ratifiée par les 25 millions de François, parce que l'impossibilité d'obtenir jamais une pareille ratification, éternise l'anarchie, et que l'anarchie éternise l'impunité du pillage et des assassinats.

Les désorganisateurs sont ceux qui, prêchant hypocritement l'égalité politique des départemens, élèvent, de fait, Paris au-dessus de tous ; qui ne l'élèvent ainsi que pour s'élever eux-mêmes au-dessus de tout ; qui ne veulent l'unité de la république, que pour ramener toute la république à leur petit foyer d'intrigues, et dominer de ce point tous les départemens.

Les désorganisateurs sont ceux qui veulent tout niveler, les propriétés, l'aisance, le prix des denrées, des divers services rendus à la société, etc.; qui veulent que l'ouvrier du camp reçoive l'indemnité du législateur ; qui veulent niveler même les talens, les connoissances, les vertus, parce qu'ils n'ont rien de tout cela. Les perfides! ils voient bien que, si le peuple perdoit ce sentiment irrésistible qui lui fait rendre hommage à la supériorité des talens et de la vertu, le crime est sur le trône. Car ce sentiment tient à l'amour de l'ordre ; et ôtez cet amour dans un état libre, où il n'y a pas de force, la société n'est plus qu'une boucherie, où le cannibale le plus féroce donne la loi.

Les désorganisateurs, enfin, sont ceux qui veulent tout détruire et ne rien édifier ; qui veulent ou une société sans gouvernement, ou un gouvernement sans force ; qui ne veulent *point de constitution* mais *des révolutions*, c'est-à-dire, des pillages et des massacres périodiques.

Que doit-il résulter de ce système désorganisateur ? Les scélérats dominent ; les gens de bien périssent ou fuient ; la société n'est plus qu'un désert ; la partie laborieuse du peuple n'a ni travail, ni pain.... Voilà l'abîme où conduisent les désorganisateurs. Ils sont donc les plus cruels ennemis du peuple.

Maintenant voulez-vous savoir où sont ces désorganisateurs ? Lisez Marat, entendez à la tribune des Jacobins, Chabot, Robespierre, Collot-d'Herbois, etc.; lisez la plupart des placards qui salissent les murs de Paris ; parcourez l'histoire de la révolution depuis le 2 septembre ; fouillez les registres de proscription du fameux comité de surveillance; entendez les vociférations des missionnaires qui pérorent dans les grouppes ; rappelez-vous les prédications des apôtres de l'assassinat dans les départemens, les lettres d'invitation à l'assassinat du comité de surveillance, les exécutions de Meaux, Charleville, Cambrai, dans nos diverses armées, les apologies de ces exécutions faites dans les écrits et les tribunes, et tout vous convaincra de l'existence d'un parti désorganisateur.

Et l'on m'accuse, parce que je crois à ce parti ! Accusez donc aussi la convention nationale qui a jugé ces anarchistes ; accusez toute la France qui les exècre ; accusez l'Europe entière, qui regrette de voir souiller, par eux, notre révolution. — La France et l'Europe, voilà les complices de mon opinion, de mon crime. —

Ce n'est pas le seul que me reprochent ces agitateurs ; je veux en parcourir la liste, et je prouverai que tous leurs griefs sont des titres de patriotisme et de gloire pour moi. —

Ils m'accusent d'avoir provoqué la guerre. — Et sans

la guerre , la royauté subsisteroit encore (1) ! Et sans la guerre, mille talens ; mille vertus , ne seroient pas développés ! Et sans cette guerre , la Savoie , et tant d'autres pays , dont les fers vont tomber , n'auroient pas eu leur liberté ! — *Ils craignoient la guerre faite par un roi...* ! Politiques à vue étroite ! c'est précisément parce que ce roi parjure devoit diriger la guerre ; parce qu'il ne pouvoit la diriger qu'en traître ; parce que cette trahison seule le menoit à sa perte : c'est pour cela seul qu'il falloit vouloir la guerre du roi !

Ils m'accusent d'avoir allumé la guerre civile dans les colonies. — Et ce sont les décrets Barnave qui l'ont allumée ; et c'est le décret du 24 mars qui l'a éteinte ! et si les principes que j'ai défendus , qui triomphent aujourd'hui , eussent prévalu dès l'origine de la révolution , Saint-Domingue n'eût pas été abreuvé de sang.

Ils m'accusent d'avoir été vendu à la liste civile. — Moi qu'elle n'a cessé de faire déchirer par ses stipendiaires , dans les journaux , les pamphlets , le placards ! moi qui n'ai cessé de la combattre , soit dans mes écrits , soit à la tribune de l'assemblée nationale ! moi qui n'ai cessé de

---

(1) C'étoit l'abolition de la royauté que j'avois en vue en faisant déclarer la guerre.... Les hommes éclairés m'entendirent le 30 décembre 1791 , quand répondant à Robespierre , qui me parloit toujours de trahisons à craindre , je lui disois : « Je n'ai qu'une crainte , c'est que nous ne soyons point trahis. Nous avons besoin de trahisons ; notre salut est là ; car il existe encore de fortes doses de poison dans le sein de la France , et il faut de fortes explosions pour l'expulser...: Les grandes trahisons ne seront funestes qu'aux traîtres ; elles seront utiles au peuple ; elles feront disparoître ce qui s'oppose à la grandeur de la nation françoise (la royauté) ».

Qu'on lise les trois discours que j'ai prononcés aux Jacobins sur ce sujet , et l'on verra que tout ce que j'ai prédit sur le succès de nos armes , se vérifie.

dénoncer les ministres pervers qui disposoient de cette liste ; qui n'ai cessé de poursuivre ce comité autrichien, avec lequel Robespierre *a marché de conserve* pendant toute la législature, et dont Chabot a servi les complots et prolongé l'existence par ses ridicules dénonciations !

Ils m'accusent d'avoir été le partisan de Lafayette.... Je l'ai dit il y a long-tems aux Jacobins, en répondant à ce reproche ; j'ai cru long-tems Lafayette républicain ; j'ai cru qu'il nous conduiroit à la république. Il me le disoit sans cesse : et pouvois-je ne pas le croire, lorsque je vis Ramond, à l'époque même de la fuite du roi, faire, par les ordres de Lafayette, un plan de république qu'il me lut ? Lafayette m'a trompé ; j'ai rompu publiquement avec lui, et je ne l'ai pas revu depuis le 23 juin 1791. --- Moi, le partisan de Lafayette ! lâches calomniateurs ! lisez donc le discours que j'ai prononcé contre lui, le 8 août dernier. --- Sied-il bien à des hommes qui ont été si long-tems les adorateurs, les bas valets des Barnave, des Lameth, des Mirabeau, de Lafayette même, à des hommes long-tems stipendiés par eux, leur sied-il de m'accuser, moi qui les ai attaqués tour-à-tour, et que jamais mortel n'a pu se flatter d'avoir pu corrompre ?

Ils m'accusent d'avoir un parti, d'être attaché à la faction de la Gironde....

L'art de cacher une faction, c'est d'en supposer une ailleurs ; c'est de lui prêter tout ce que la faction réelle projette ; c'est d'attacher à certaines opinions qu'on redoute, le nom d'un chef qui doit effaroucher la fierté d'une ame indépendante. --- On sait bien que des hommes libres ne veulent appartenir qu'à eux-mêmes ; qu'à leur conscience, et rougissent d'appartenir à une secte, à un homme. --- Voilà le secret de la tactique employée par les Lameth, Barnave, Lafayette, pour faire croire, en 1791, à un parti républicain, et écraser des hommes austères qu'ils redoutoient. Il est bien fort, ce parti, me disoit un de ces intrigans ; il compte plus de cent

mille

mille hommes....... Il compte, lui répondis-je, trois hommes, Buzot, Pétion et moi ; mais nous avons la raison, et cette raison vaut mieux que cent mille hommes. Le 21 septembre a prouvé que je calculois bien. Et ce 21 septembre, qui l'a fait naître? ce n'est pas un parti, c'est la nation entière.... Eh bien ! voilà le parti auquel j'appartiens, auquel appartient aussi la faction de la Gironde. Ce parti DE LA NATION a voulu le républicanisme; il veut maintenant l'ordre et la sûreté des personnes. Voilà le but où tend ce qu'on appelle la faction *Brissotine:* faction imaginée par les anarchistes pour effrayer le peuple avec une chimère ; car ou cette faction n'existe pas, ou toute la nation forme cette faction.

Non, vous ne connoissez pas ceux que vous calomniez, vous qui accusez les députés de la Gironde d'appartenir à une faction. *Guadet* a l'ame trop fière ; *Vergniaud* porte à un trop haut degré cette insouciance qui accompagne le talent et le fait aller seul; *Ducos* a trop d'esprit et de probité ; *Gensonné* pense trop profondément pour jamais s'abaisser à combattre sous les drapeaux d'aucun chef. Sans doute ils ont un centre, mais c'est celui de l'amour de la liberté et de la raison : ils ont des rapports, mais ce sont ceux qui unissent des collègues, dont les goûts sont les mêmes, purs et simples, dont les opinions sont dictées par la réflexion.

Voilà les hommes auxquels je remercie le ciel de m'avoir uni ; oui, je me féliciterai toute ma vie d'avoir rencontré dans eux, et dans quelques autres députés ou fonctionnaires publics, huit à dix citoyens aussi vertueux qu'éclairés, autant inaccessibles à la corruption qu'ennemis implacables du charlatanisme et de la flagornerie pour le peuple ; et si le respect pour le talent et la vertu, si la haine de l'anarchie, si l'horreur pour les *massacres révolutionnaires*, peuvent être des caractères de faction, nous sommes, je l'avoue, des factieux, mais nous le sommes avec toute la république.

G

Les anarchistes m'accusent d'avoir calomnié le 2 septembre. . . .

Dites plutôt que le 2 septembre a calomnié la révolution du 10 août, avec laquelle on le confond à dessein.
La révolution du 10 août sera à jamais le plus beau jour
de fête pour la France ; le massacre du 2 septembre sera
à jamais un jour de honte pour Paris, et de deuil pour
l'humanité. Oui, il faut avoir une ame de boue, ou un
cœur de bronze, pour ne pas vouer à l'exécration les barbares qui, de sang-froid, ont ordonné l'assassinat de tant
de victimes, dont quelques-unes, sans doute, méritoient
la mort, mais qui ne devoient la recevoir que du nouveau tribunal ; les barbares, qui les ont fait exécuter par
une cinquantaine de brigands ; qui ont eu le secret de
faire taire la loi, d'arrêter le bras des citoyens prêts à ex-
terminer ces brigands ; les barbares enfin qui ont eu la
lâcheté de calomnier le peuple de Paris, en lui prêtant
ces exécrables forfaits, (1) et l'impudence de les justifier.
--- La vérité luira, sans doute, un jour. . . . Tous les satellites de Sylla ne moururent pas dans leur lit. . . . (2).

Ils m'accusent d'avoir présidé la commission extraordinaire. --- Oui, je m'en fais gloire ; cette commission a
sauvé Paris de nouvelles fureurs, a sauvé la révolution
d'une partie de l'opprobre qu'ils vouloient lui imprimer.
Certes ! le 2 septembre n'auroit pas été souillé par tant
d'assassinats, si l'assemblée nationale eût, quelques jours
avant, secondé le courage de la commission, qui n'avoit
proposé de casser *le pouvoir révolutionnaire de la municipalité*, que parce qu'elle connoissoit les vues profondément
perverses de quelques-uns de ses membres. Et si de bons

(1) V. le post-scriptum à la fin.

(2) Je dois encore rappeller ici que Caton s'honoroit de
poursuivre et de faire condamner les exécuteurs des proscrip-
tions de Sylla. Sans doute il se trouvera des Caton en France.

esprits de cette commission n'avoient pas préparé, et même long-tems avant le 10 août, les décrets, sauveurs de la France, de la *suspension du roi*, *de la convocation de la convention*, *de l'organisation d'un ministère républicain*, etc. etc. si, dans ces décrets, la sagesse des combinaisons n'en avoit pas écarté l'idée de la force et de la terreur ; si l'on n'avoit pas imprimé à ces décrets un caractère de grandeur et de réflexion froide et calme, la révolution du 10 août n'auroit paru aux yeux de l'Europe qu'une révolution de cannibales. Mais l'Europe crut au salut de la France, en voyant la sagesse présider au sein de ces orages, et subjuguer jusqu'à la soif du carnage. Qu'on calomnie tant qu'on voudra la journée du 10 août ; la valeur des fédérés et les décrets réfléchis de l'assemblée nationale, préparés par la commission, immortaliseront à jamais cette journée. Sans elle, on ne peut pas calculer le mal qu'auroient fait l'anarchie, la déraison, le délire de l'audace et de la terreur qui entraînoient alors tous les esprits, et dont beaucoup d'effets et de symptômes ont été ensevelis dans les ténèbres. En un mot, si la commission n'avoit pas arrêté la contagion des fureurs, peut-être Paris ne seroit aujourd'hui qu'un désert, qu'un vaste cimetière.

Et c'est à ces hommes qui ont montré tant de courage dans cette commission, qu'on ose imputer un défaut de courage ; — Où étoit, dit-on, où étoit la faction Guadet lors de l'insurrection du 10 août ? Où elle étoit ? A délibérer au bruit du canon, avec calme et sang-froid, au sein de l'assemblée nationale ! à délibérer de sang-froid, avec certitude d'être égorgés (1), si les fédérés et les Marseillois n'avoient pas eu plus de courage que ces imposteurs qui s'intitulent les hommes du 10 août ; non sans doute parce qu'ils en ont partagé les dangers, mais

(1) On se rappelle que la reine, en quittant le château, avoit la certitude que son parti étoit le plus fort. Elle le dit à ceux qui l'environnoient.

parce que , le danger passé , ils en ont usurpé la gloire et partagé tous les profits. Guadet , Vergniaud , Gensonné, présidèrent successivement , et présentèrent les décrets qui honorèrent cette journée mémorable ; ils présidèrent avec cette grandeur qui rappeloit les beaux jours du sénat de Rome ; et ce fut sur ma motion qu'on prononça la destitution des ministres.

Et ces hommes qui nous font cette interpellation insolente, où étoient-ils eux-mêmes le 10 août? Marat imploroit Barbaroux la veille pour le conduire à Marseille ! Robespierre , la veille , vouloit écarter de la maison qu'il habitoit , les conseils d'insurrection qui s'y tenoient chez un ami ; il craignoit qu'on ne le compromît , qu'on ne l'accusât d'y tremper. Quant aux autres , cachés dans leur retraite , à l'abri des coups de fusil , ils attendoient que la victoire se déclarât pour tomber sur les cadavres , et pour profiter de cette suspension du roi , préparée par cette timide et corrompue fiction de la Gironde.

On m'a reproché mon opinion *sur la déchéance du roi* ; on a reproché à *Vergniaud* la sienne. — J'en atteste tous mes collègues , j'en atteste ceux qui ont connu l'état de notre assemblée , la foiblesse de la minorité des patriotes , la corruption , la terreur , l'aversion des *exagérés* qui avoient grossi le parti de la cour ; sans doute il falloit quelque courage pour hasarder , au milieu de cette assemblée , l'hypothèse éloquente de *Vergniaud* sur les crimes du roi ; il en falloit encore pour tracer , le lendemain de cette ridicule réunion , qui avoit affoibli le parti des patriotes , pour tracer le tableau vigoureux des forfaits du roi , pour oser proposer de le soumettre à un jugement (1). C'étoit un blasphême horrible aux yeux de la majorité , et je le prononçai cependant. . . . et tel est l'ascendant de la vérité , lorsque la sagesse l'accompagne , je ne fus pas même interrompu par des murmures. Et ces braves ca-

____

(1) Voyez mon discours du 9 juillet.

nemis *d'un roi emprisonné*, ces *Chabot*, ces *Merlin*, où étoient ils alors ? Couverts de ridicule, ils n'osoient se montrer dans une assemblée qu'ils avoient cent fois déshonorée par leurs fureurs et leurs extravagances, et où leurs excès avoient fait plus de prosélytes au roi que toutes les largesses de la liste civile.

Et *ces factieux de la Gironde* qu'ils outragent, après avoir été sauvés par eux de l'ignominie ; ces factieux, occupés sans cesse à réparer leurs fautes, réunis avec d'autres patriotes éclairés, dans le sein de la commission extraordinaire, ils préparoient les esprits à prononcer la suspension du roi. — Ces esprits en étoient loin encore ! et voilà pourquoi je hasardai le fameux discours sur la déchéance, du 26 juillet ; discours qui parut aux yeux ordinaires un changement d'opinion, et qui, pour les hommes éclairés, n'étoit qu'une manœuvre prudente et nécessaire. Je savois que le côté droit ne désiroit rien tant que d'aborder la question de la déchéance, parce qu'il se croyoit sûr du succès, parce qu'on avoit recensé les voix qui se montoient à plus de 400, parce que l'opinion n'étoit pas mûre dans les départemens, parce qu'elle y avoit été travaillée avec succès par le feuillantisme ; la défaite des patriotes étoit inévitable. Il falloit donc louvoyer pour se donner le tems, ou d'éclairer l'opinion publique, ou de mûrir l'insurrection ; car la suspension ne pouvoit réussir que par l'une ou l'autre moyen. Tels étoient les motifs qui me dictèrent ce discours du 26 juillet qui m'a valu tant d'injures, et me fit ranger parmi les royalistes ; tandis que *le Patriote François* ne cessoit de préparer les esprits dans les départemens à ces mesures extraordinaires.

La révolution du 10 août les a accélérées et sanctionnées, et les anarchistes ont encore osé m'accuser de vouloir un roi, après le 10 août.

En 1791, et lorsque la liste civile semoit par-tout la corruption, faisoit crier par-tout anathême aux factieux de républicains , mes adversaires timides ou corrompus me reprochoient de semer par-tout le républicanisme ; et lorsque la liste civile a disparu avec le roi , ils m'accusent de vouloir un roi ! — Républicain sons des rois ! royaliste quand ils ne sont plus ! peut-on supposer un pareil contre-sens dans un homme à qui l'on suppose quelque esprit et du calcul ? Que mes ennemis s'accordent donc eux-mêmes ; qu'ils s'accordent avec ma vie et mes écrits. J'ai haï les rois et la royauté , du moment où je suis né à la raison ; je leur disois hautement anathême , alors que ces républicains *d'hier*, alors que plusieurs de ces fervens *Cordeliers* rampoient dans les antichambres et s'agenouilloient devant ces princes , qu'ils appeloient *des soleils resplendissans de gloire* (1). Tous mes ouvrages respirent cette haine vigoureuse des rois ; lisez ma lettre à Joseph II *sur le droit de révolte des peuples* ; lisez mon *Examen critique des voyages de Chatellux*, imprimé en 1785 et 1786 : mes *Lettres philosophiques sur l'histoire d'Angleterre*, publiées en 1787 ; lisez enfin mon discours prononcé le 10 juillet 1791 , *sur le jugement du roi* ; discours réimprimé , lu, prôné par tous les Jacobins. . . . . . Non , jamais un royaliste n'aura cette énergie ; elle ne se contrefait pas.

L'accusation de royalisme étoit trop absurde contre un homme dont toute la vie n'a été qu'un combat perpétuel pour le républicanisme ; *les calomniateurs* ont changé de batterie. *Robespierre* m'a accusé , à la tribune de la commune de Paris , d'avoir vendu la France à Brunswick. Il avoit, disoit-il, des preuves , des pièces frappantes. Il promettoit de les produire —

Lecteurs , voulez-vous connoître ces preuves frappantes ? Les voici : je les tiens de *Pétion* et de *Danton*,

____

(1) Voyez les pièces de théatre , publiées et jouées par Collot-d'Herbois , telles que le retour de Nostradamus en Provence , en l'honneur du ci devant Monsieur.

auxquels *Robespierre* n'a pas rougi de les confier. — Brunswick, disoit-il, ne seroit pas entré en France, s'il n'avoit eu un marché avec la faction de la Gironde et moi, pour lui livrer Paris.——

Et où étoit ce marché ?. Dans la tête de Robespierre.

Sans doute je pourrois réfuter, par mille argumens, cette accusation profondément bête, si elle n'étoit profondément atroce. Je pourrois rétorquer, avec avantage, contre Robespierre, cette plaisante logique, et lui prouver, peut-être, avec plus de vraisemblance, que lui même et ses complices étoient de concert avec les Prussiens ; mais dédaignant une victoire si facile, je passe à d'autres considérations. Et, je le demande à mes lecteurs, quelle idée faut-il se former d'un homme qui, sur une hypothèse, sur une rêverie, deshonore publiquement des représentans de la nation, déja environnés de calomnies et de poignards; qui les livre au peuple ; que dis-je ? aux brigands qui se revêtoient du nom du peuple ; aux brigands prêts à frapper, au seul signal du premier calomniateur qui se présentoit. Et c'est le 2 septembre que Robespierre faisoit retentir la tribune de cette calomnie ! C'étoit le jour où le comité de surveillance, dégoûtant de sang, expédioit des mandats d'arrêt, ou plutôt des mandats de massacre, contre les députés de la Gironde et contre moi ! C'étoit le jour où les scélérats, qui triomphoient dans Paris, entassoient leurs victimes à l'Abbaye, parce qu'ils avoient fait de l'Abbaye une boucherie, un tombeau pour leurs victimes. . . .! Oui, Robespierre étoit évidemment, ou un monstre, ou l'imbécille instrument de monstres.

On l'a accusé d'aspirer à la dictature, au tribunat. Sa conduite sembleroit le prouver, si la médiocrité de ses moyens, si la terreur de la mort, qui l'environne sans cesse, ne l'écartoient de ce poste périlleux ; car un dictateur doit, au nombre de ses chances, mettre celle d'une mort violente ; et pour braver la mort, il faut quelque courage.

Quoi qu'il en soit de ses intentions secrètes, quand je me rappelle toutes les circonstances qui ont précédé, accompagné ou suivi l'affreuse journée du 2 septembre ; quand je me rappelle l'empire qu'exerçoit, dans Paris et dans toute la république, un comité, dont Robespierre dictoit les arrêts sanglans ; quand je me rappelle l'insolence des pétitions, ou plutôt des ordres que ce démagogue intimoit à l'assemblée nationale à sa barre (1) ; son opiniâtreté à élever la commune provisoire au-dessus des représentans de la nation ; les discours de ses partisans, qui menaçoient sans cesse de dissoudre l'assemblée nationale ; ses fureurs contre cette commission extraordinaire qui vouloit remettre la municipalité de Paris à sa place ; les cris de rage de ses satellites, lorsqu'elle fut cassée, sur le rapport de cette commission ; quand je me rappelle les placards et les *amis du peuple* qui désignoient pour le tribunat Robespierre, PROTÉGÉ de Marat, et qui livroient au fer des assassins les principaux membres de cette commission ; les discours atroces répandus contr'elle dans les grouppes et aux Jacobins ; les avis secrets et nombreux qu'elle recevoit d'un danger prochain et d'émeutes préméditées ; les démissions de plusieurs de ses membres, dévoués aux tribuns dominateurs ; quand je me rappelle le bruit, presqu'universel, qui annonçoit le projet d'un massacre des Feuillans, la facilité avec laquelle on pouvoit et

____

(1) Il voulut un jour forcer l'assemblée nationale à constituer la commune de Paris, tout à la fois en juré d'accusation, juré de jugement et juge. — Quelqu'un lui reprochoit de tenir l'assemblée nationale sous le couteau ; qu'elle fasse de bonnes loix, disoit-il, et elle n'aura pas de couteaux à craindre. Un jour il menaça la commission de faire sonner le tocsin.

le commettre sur une assemblée frappée de stupeur , et
confondre au milieu du tumulte , avec ces Feuillans ,
cette *Gironde* et ses amis , qui déplaisoient tant aux tribuns ; quand je me rappelle que , pour légitimer ses
forfaits , à cette époque même , on dénonçoit d'un côté
ces députés de la Gironde comme des traîtres , que de
l'autre on expédioit des mandats d'arrêt contre eux ;
quand je me rappelle qu'il étoit si facile de leur supposer
des lettres , d'altérer le sens de celles qu'on auroit prises
chez eux , et de justifier le *quiproquo* , puisqu'on faisoit
tuer impunément par *quiproquo* des innocens (1) ; quand
je me rappelle qu'on enveloppoit dans la même proscription un ministre dont les principes et le caractère inflexible
gênoient les triumvirs et déconcertoient leurs projets ;
qu'une émeute avoit été préparée et exécutée contre lui ;
que son mandat d'arrêt devoit être suivi d'autres contre
ses collègues , à l'exception d'un seul ; quand je me
rappelle la motion préméditée de sonner le tocsin et de
fermer les portes , sous prétexte d'enrôler les citoyens ;

(1) J'en vais citer un trait effrayant , mais vrai. A l'hôtel
de la Force , où l'on expédioit les prisonniers avec une appa-
rence de forme , avec un juré de comédie , et en présence
d'officiers municipaux , un prisonnier , accusé de fabriquer
de faux assignats , se recommande d'un citoyen de la rue
Saint-Antoine. On l'envoie chercher ; il étoit occupé à faire
des comptes avec un locataire ; il arrive , et à la vue des
piles de cadavres , des massues ensanglantées et de ces juges-
bourreaux , il perd la tête , répond de travers , on l'assomme.
Le caporal qui l'avoit amené se rappelle alors qu'il l'a trouvé
avec un homme qui chiffroit , et supposant que ces chiffres
pouvoient bien être des faux assignats , qu'il pouvoit être
complice , il va le chercher , l'amène , et on l'exécute aussi.
Eh bien ! cet homme étoit un bon père de famille , bon citoyen , électeur de 1791 , électeur nommé la veille par sa
section !

H

motion faite par les amis des triumvirs ; le signal
du massacre donné par ce tocsin , signal inexplicable , s'il n'eût pas été concerté ; l'organisation de cé
cours d'assassinats ; les froides plaisanteries de ceux
qui étoient dans le secret , sur cette exécution ; son
apologie faite au sein même de l'assemblée ; l'impuissance
du maire de Paris , soigneusement paralysé , prudem-
ment décrié d'avance ; l'inutilité de ses requisitions ;
l'inertie volontaire du commandant général ; l'inertie
forcée de la garde nationale , qui attendoit des ordres et
n'en recevoit point ; la stupeur préconisée des citoyens ; la
nullité prévue et arrangée de l'assemblée nationale , ré-
duite, par le concert des autorités *actives* de Paris , à *passer
à l'ordre du jour* sur ces atrocités ; quand , dis-je , je me
rappelle toutes ces circonstances , je ne puis m'empêcher
de croire que cette tragédie étoit divisée en deux actes
bien différens ; que le massacre des prisonniers n'étoit
qu'un accessoire du grand plan ; qu'il couvroit et devoit
amener l'exécution d'une conspiration formée contre l'assemblée nationale , le ministère et les défenseurs les plus
intrépides de la liberté ; qu'il n'a manqué à ses auteurs que
du courage pour l'exécuter , et monter au tribunat sur
les cadavres des Roland , des Guadet , Vergniaud , Gensonné , etc. et sur le mien.... tribunat qui convenoit
aussi aux Prussiens , maîtres de Verdun ce jour-là même.

Telle est la clef la plus naturelle de cette inexplicable
atrocité. L'homme le plus féroce ne l'est point sans un but.
La haine contre les conspirateurs prisonniers ne peut
seule expliquer leur massacre : les bandits soudoyés pouvoient ne voir que leur salaire dans le sang qu'ils versoient ;
mais les ordonnateurs du massacre y voyoient le pouvoir
suprême , ou ils étoient les plus imbécilles des brigands.

Quoi qu'il en soit , et pour revenir à ce qui me concerne , ces circonstances, que je suivois pas à pas , que
mille faits , déposés chaque jour à la commission , ren-
doient plus alarmantes , ne m'effrayoient point personnel-

lement. On m'avertissoit de tous côtés ; mes amis me conjuroient de ne sortir qu'armé, de ne pas coucher chez moi. Je résistai à tous ces avis, non que je crusse au respect de mes ennemis pour mon inviolabilité ; non que je ne crusse pas à leur profonde scélératesse ; mais je les croyois encore plus lâches que scélérats ; mais je croyois à la force d'une providence qui, sans doute, ne nous a pas délivrés de la royauté, pour nous mettre sous le joug des tribuns ; mais je crois au bon-sens de ce peuple qui connoîtra tôt ou tard ces charlatans, et je vois déja la roche tarpéienne qui les attend. . . .

Je ne sais quel sentiment intime, supérieur à tous les évènemens, m'a toujours soutenu calme et serein, au milieu des dangers innombrables que j'ai courus pendant la révolution, au milieu des ennemis qui ne cessent de me promettre la mort. . . . . Sans doute il est possible de m'assassiner ; mais, avec une bonne conscience, on n'est jamais surpris par la mort ; mais un patriote se console si facilement, en pensant que sa mort sera utile à son pays ! mais en donnant des larmes à ma femme et à mes enfans, j'emporterois au tombeau le doux espoir de leur laisser un sûr appui dans les amis qui me chérissent, et des titres à la reconnoissance d'une patrie que j'ai servie avec un zèle infatigable.

C'est à ces sentimens que j'ai dû ma sécurité, lorsque, le 5 septembre au matin, les satellites des inquisiteurs tombèrent dans mon cabinet ! --- Je les en atteste ; surprirent-ils chez moi la moindre altération ?

C'est à ces sentimens encore que j'ai dû ma sécurité lors de la saint-Barthelemi du Champ-de Mars, en 1791 : cette sécurité dont mes ennemis me font un crime aujourd'hui, ils l'expliquent, en supposant que j'étois de concert avec les Lameth et Lafayette. . . .

Et dans mes feuilles d'alors, je poursuivois Lafayette et les Lameth avec une persévérance infatigable ! Et quoique Paris fût frappé de consternation, quoique les décrets de prise de-corps se multipliassent autour de moi, quoique les prisons se remplissent de victimes, je dénonçois à toute la France les coalitionnaires triomphans, comme des traîtres vendus à la cour, comme des ennemis de la liberté! --- Et les déserteurs de la cause populaire veulent aujourd'hui me travestir en traître, pour couvrir leur lâcheté! Tous ces fanfarons avoient fui, se cachoient dans des caves, ou ne se montroient que la nuit, cuirassés et armés jusqu'aux dents. Et parce que je n'ai pas partagé leur lâcheté, parce que je me suis promené tranquillement au milieu des baïonnettes des *Pisistrates* modernes, ils calomnient ma sécurité, qui fera éternellement leur procès? Ils m'outragent, moi qui, seul avec Guasas, résistant au torrent, osois les défendre! « Rien, écrivois-je le 10 août 1791, rien ne ressemble mieux au régime des trente tyrans d'Athènes, que le régime actuel... C'en est fait de la liberté, ajoutois-je, si l'on est sans courage, si les SCÉLÉRATS parviennent à intimider les honnêtes gens, si ceux-ci ne se réunissent pas pour faire tête aux INFAMES moyens qu'emploient les BRIGANDS politiques. Il faut le dire, j'ai trop appris, dans cette rude épreuve, à connoître, et les fanfarons en liberté, toujours prêts à s'agenouiller devant l'idole du jour, et les faux amis qui vous étouffent de leurs caresses dans votre prospérité, et vous délaissent au péril; mais aussi j'ai senti la prodigieuse supériorité de l'homme de bien sur les SCÉLÉRATS ET SUR LEURS VALETS, j'ai vu plus d'un de ces BRIGANDS déconcerté par mes regards (1)». --- Est-ce donc ainsi qu'on traite des hommes avec lesquels on est de concert?

Eh! où étoit alors ce Robespierre, qui ne cesse de vanter son courage? Il étoit, comme au 20 juin, comme au 10 août, caché dans une retraite ignorée. N'osant se montrer, tout inviolable qu'il étoit, ni en public, ni à

(1) Réponse de J. P. Brissot à tous les libellistes, pag. 33.

l'assemblée nationale , ni même devant les juges qui l'avoient cité, comme moi , au tribunal desquels j'avois comparu , il proposoit secrètement à Pétion de s'enfuir à Marseille !

Et Danton lui-même , Danton, qui a signé la proscription d'un homme qu'il est forcé d'estimer , et l'éloge d'hommes qu'il méprise ; Danton n'a bravé que de Londres la fureur de ses ennemis ! et malgré la promesse solemnelle qu'il a faite de dévoiler les forfaits de ces intrigans , qu'il avoit connus intimément , il est encore à rompre le silence !

Sans doute il pouvoit craindre la scélératesse de ces Lameth , qui n'avoient de Catilina que les fureurs , l'intrigue et l'immoralité , à qui un 2 septembre n'auroit pas coûté , qui doivent regretter aujourd'hui de ne l'avoir pas anticipé. Mais un patriote doit calculer autrement. Mon parti étoit pris ; j'allois en prison , si le décret de prise-de-corps eût été lancé contre moi ; mes ennemis périssoient également par ma mort ou par mon triomphe. Dans un régime libre, la probité l'emporte toujours , et sur l'intrigue , et sur les calomnies.

C'est avec la ferme conviction de ces principes , que je planerai toujours au-dessus de mes calomniateurs , que je rirai de leurs efforts pour ameuter les citoyens de Paris contre moi , en me prêtant une doctrine contraire au bien du peuple. Je le sais , ils n'ont pas d'autre but, quand ils m'accusent de vouloir *la république fédérative* , quand ils font retentir cette calomnie par-tout.

Citoyens , le croirez-vous ? . . . Alors même que les Cordeliers se confédéroient contre les républicains ; alors que Robespierre se défendoit fort gauchement, à l'assemblée nationale , du soupçon , faux, à la vérité , d'être républicain (1), car il ne l'étoit pas , il ne se doutoit pas même des bases de républicanisme ; alors que Desmoulins

_____

(1) Voyez son discours à l'assemblée constituante , du 14 juillet 1791.

m'accusoit d'être républicain , pour faire plaisir à la cour
et bouleverser la révolution ; alors enfin que Bonneville ,
Condorcet et moi défendions seuls avec vigueur le républicanisme contre les Feuillans , et même contre les Jacobins de Paris , qui trembloient au seul nom de républicain ; alors même je me prononçois ouvertement contre
la république fédérative ; et je vais citer un passage frap-
pant qui le prouvera.

Casaux, qui m'attaqua dans plusieurs lettres insérées
dans les journaux modérés , disoit : « Il faut être bien
grand faiseur , pour croire à la solidité , à la permanence
d'une confédération de quatre-vingt-trois départemens.

Et je lui répondois dans le Patriote François du 8
juillet 1791. --- ,, Quoi , M. Casaux en est là ! si peu avancé!
quel insensé a rêvé de faire en France quatre-vingt-trois
républiques confédérées ? Les républicains , au moins
ceux que je connois , ne veulent que la république ou
gouvernement représentatif , dont les quatre-vingt-trois
départemens sont les quatre-vingt-trois fractions , co-ordon-
nées les unes avec les autres , et aboutissant toutes à un
point commun , à l'assemblée nationale , etc. «

Ce n'est pas tout. Avant l'ouverture de la convention
nationale , Danton , essayant de rapprocher ce qu'il ap-
peloit les partis , me sonda , et je ne me refusai pas aux
explications , car j'ai toujours eu les divisions en horreur ;
j'en atteste les ménagemens que j'ai eus long-tems pour
Robespierre et sa faction , quoique sans cesse harcelé par
eux. Il me fit quelques questions sur ma doctrine républicaine ; il craignoit , disoit-il avec Robespierre , que je
ne voulusse établir la république fédérative , que ce ne
fût l'opinion de la Gironde. Je le rassurai. Robespierre en
fut instruit , et Robespierre continua de répandre que je
voulois la république fédérative ; ses partisans le soutien-
nent encore , quoique j'aie , à la convention , hautement
voté pour la république unique ; et empruntant sa logique ,
ils le prouvent , parce que j'ai fait l'éloge *du Fédéraliste.* ---

Ignorans! ils ne savent pas que le Fédéraliste est préc-
sément un ouvrage fait contre le fédéralisme, pour ramener à l'unité de gouvernement, à cette unité que je
veux, moi, pour la sûreté extérieure de la France, et
pour son union interne ; qu'ils veulent, eux, parce qu'ils
flattent leur peuple de Paris de l'espoir de gouverner,
avec cette unité, le reste de la France.

M'arrêterai-je aux autres griefs articulés contre moi par
les factieux ? M'arrêterai-je au reproche d'avoir fait les
ministres actuels et de les diriger ?

Supposez-le, ce seroit accuser nos succès actuels ; ces
succès qui font le tourment, le désespoir de nos agitateurs ; ces succès que tous les amis de la liberté ont pré-
dits en provoquant la guerre. Éh ! qu'importe à quelles
mains la France doit son salut ! Mais d'ailleurs le choix
des ministres est le choix de la nation, et rien ne l'influence, ne peut l'influencer que le talent ou la vertu.
Un cri universel a rappelé les trois premiers au ministère,
et il faut, ou calomnier la nation, la convention, l'appel
nominal, ou convenir que les talens et les vertus ont été
aussi les titres des autres.

Mais les ministres sont mes amis ! Est-ce donc un crime
d'être l'ami d'hommes vertueux ? Faut-il les fuir, parce
que la confiance publique se repose sur eux ? Ceux qui
les accusent de se laisser diriger, ne connoissent ni les
ministres, ni moi, ni le régime actuel. Ils sont incor-
ruptibles : mon insouciance sur mes intérêts est connue ;
et, sous le régime actuel, le ministère ne peut admettre
long-temps ni fripons, ni sots. Or, il n'y a que ces deux
sortes d'hommes qui se laissent influencer. Mon crime n'est
pas tant d'influencer, que d'avoir cru que tel homme, pour
avoir été et être un mauvais baladin, pouvoit fort bien
n'être pas bon ministre de l'intérieur. Voilà ce qui m'a
valu tant d'injures de la part de ceux qui avoient spéculé
sur cette espèce de ministre ; voilà ce qui les fait encore
crier au feuillantisme, au modérantisme contre moi. ---

Les Feuillans, disent-ils, prêchoient l'ordre, force à la loi, respect aux autorités constituées, et je le prêche aussi. --- Les modérés eux-mêmes me font la même objection, m'accusent de tomber en contradiction. et je n'y suis point.

Certes, les Feuillans prêchoient l'ordre, mais c'étoit au profit d'un roi parjure, au profit de la liste civile, de la contre-révolution ; et moi, je le prêche pour le profit du peuple et de la liberté. --- Les désorganisateurs, avant le 10 août, étoient de vrais révolutionnaires ; car il falloit désorganiser pour être républicain. Les désorganisateurs d'aujourd'hui sont de vrais contre-révolutionnaires, des ennemis du peuple ; car le peuple est maître maintenant ; toute autorité vient de lui ; tout agent sera élu par lui ; il a donc la liberté au plus haut degré. Que lui reste-t-il à désirer ? La tranquillité intérieure, puisque cette tranquillité seule assure au propriétaire sa propriété, à l'ouvrier son travail, au pauvre son pain de tous les jours, et à tous la jouissance de la liberté.

Rappellerai-je enfin le dernier grief qu'on a élevé contre moi, qu'on a consigné dans ma sentence de radiation ?

On m'y condamne, parce que j'ai professé des principes contraires à l'ESTIME due à l'assemblée électorale et à la commune de Paris.

Estimer une assemblée électorale (1) qui, la première,

___

(1) Je veux donner un échantillon de la bonne-foi de Collot. Il m'accuse dans ma sentence, qu'il a rédigée, et qui est aussi plate et aussi mensongère que la circulaire, d'avoir imprimé, dans la Patriote François, du 11 septembre, que l'assemblée électorale de Paris N'ETOIT COMPOSÉE QUE D'INTRIGANS, --- Voici le passage. --- « Je recommande Bonneville aux électeurs des 82 departemens ; il n'a aucun titre pour les intrigans de Paris ». Cette phrase signifioit bien que je croyois à des intrigans ; mais toute une assemblée d'intrigans ! je ne suis pas absurde à ce point. Je connois dans celle de Paris des hommes estimables qui ont rougi de ses choix.

a souillé l'appel nominal, en le prostituant à la plus vile
des factions ! qui n'a pas rougi de porter au sein de l'assemblée régénératrice de la France, des hommes dignes
de l'échafaud ou des petites maisons !

Estimer une commune qui n'a cessé de luter contre les
représentans de la nation, de fouler aux pieds leurs décrets, de sanctionner les arrêts de mort d'un comité d'in-
quisition, de meurtre et de pillage : d'un comité dont les
membres, sommés vingt fois de rendre leurs comptes, ont
été déclarés *mauvais citoyens* ! Non, non, l'arrêté qui me
raye fait mon éloge. Et quand l'amour de l'ordre et le
respect pour les loix reparoîtront dans la société des amis
de la liberté et de l'égalité à Paris, je veux que chaque
grief y soit un éloge honorable pour moi. Je veux être
embrassé de mes frères, pour avoir eu le courage de combattre les factieux.

Car, en me résumant sur tous ces griefs, je suis rayé,
parce que j'ai cru à un parti de désorganisateurs, dont tout
atteste l'existence ;

Parce que j'ai provoqué la guerre, sans laquelle la
royauté subsisteroit encore ;

Parce que j'ai provoqué le décret du 24 mars, sans lequel nos colonies ne subsisteroient plus ;

Parce que j'ai été vendu à la liste civile, qui m'a sans
cesse déchiré, et que j'ai sans cesse combattue ;

Parce que j'aime les rois quand ils ne sont plus, après les
avoir poursuivis lorsqu'ils étoient ;

Parce que j'ai été le partisan de Lafayette, contre lequel
j'ai demandé un décret d'accusation :

Parce que je suis chef d'une faction qui n'existe point,
et l'ami de députés qui ont le grand tort de ne pas aimer les
factieux ;

Parce que je suis l'ami des ministres vertueux et éclairés ;

Parce que j'ai présidé la commission extraordinaire, qui
à préparé les immortels décrets du 10 août, et sauvé la
France et Paris des fureurs des anarchistes ;

Parce que je ne crois pas à la sainteté des héros du 2 septembre ;

Parce que je crois, au contraire, que ce jour, à jamais exécrable, a souillé la révolution du 10 août ;

Parce que j'ai dénoncé le comité de surveillance, qui commandoit le pillage et les assassinats :

Parce que je n'ai pas voulu rendre hommage au choix déshonorant de l'assemblée électorale de Paris ;

Parce que j'ai abaissé le pouvoir révolutionnaire de la commune de Paris au-dessous du pouvoir de l'assemblée nationale ;

Parce que j'ai le malheur de croire que le peuple a besoin de la paix et de l'ordre, et qu'on ne gouverne pas avec des massacres périodiques ;

Parce que je veux la république fédérative, contre laquelle j'ai écrit il y a plus d'un an, et contre laquelle encore j'ai voté dans la convention ;

Parce qu'enfin, et c'est bien là mon véritable crime, je n'ai pas voulu me prosterner devant la dictature de Robespierre et de ses protecteurs ou protégés, qui frémissent de ne pas dominer l'assemblée nationale, comme ils dominent les jacobins de Paris. ——

Quelle idée maintenant pouvez-vous avoir, citoyens, d'une société subjuguée par des hommes aussi méprisables, aussi odieux ? D'une société où la liberté de parler est proscrite, où une minorité petite, mais bruyante, enchaîne une majorité sage, mais foible ; où cette minorité factieuse, à l'aide de tribunes, que la même tactique dirige, étouffe la voix de ceux qui veulent la combattre ; où les dénonciations les plus absurdes et les plus fausses, sont accueillies avec transport, lorsqu'on en repousse, lorsqu'on en repousse, avec acharnement, les justifications (1) ? D'une société où l'on déchire des hommes ver-

(1) Je n'en citerai que deux exexemples. Dans la séance du 25 avril 1792, je fus sans cesse, ainsi que Guadet, inter-

tueux , sous prétexte d'une coalition chimérique , tandis qu'on y est aux genoux de quelques factieux imbéciles, dont la coalition est manifeste ! D'une société où les législateurs sont sans cesse ridiculisés , où la convention nationale est sans cesse décriée , où les décrets sont déchirés sans cesse ! D'une société où , en exerçant arbitrairement l'ostracisme sur quelques députés énergiques , on espère effrayer les autres , et les ramener sous le joug pour les y abreuver d'amertumes et d'injures ? D'une sociët éd'où les législateurs qui se respectent , sont forcés de s'exclure , pour n'être pas les témoins du scandaleux mépris qu'on y affiche pour les décrets , et de l'esprit de révolte qu'on y prêche !

Sans doute , il est encore des hommes estimables qui la fréquentent ; ils ignorent qu'après la scélératesse , ce qui perd le plus la liberté , c'est la pusillanimité des gens de bien qui donnent quelqu'importance aux scélérats , en paroissant de loin honteusement à la suite de leur char ; de ces gens de bien qui ne sont estimés , ni de ceux qu'ils servent , ni de ceux qu'ils trahissent par leur foiblesse.

Mais , d'ailleurs , le nombre même de ces députés , qui *fréquentent* la société , est bien petit ! Quel imprudent fi un jour la motion d'en envoyer la liste dans les départemens ? Cette liste eût été la plus cruelle sentence contre la société de Paris !

M'accusera-t-on de la calomnier ? Qu'on parcoure ses débats ? Y voit-on dans les huit derniers mois, une seule discussion importante ? N'ont-elles pas été toutes écartées , par des dénonciations , des personnalités , des dé-

rompu par les plus violens murmures ; je fus hautement menacé d'être lanterné , lapidé. Guadet courut des risques pour sa vie. — Dans la séance du 12 octobre , où j'ai été rayé , plusieurs députés voulurent parler en ma faveur , et leur voix fut étouffée par les murmures.

clamations, qui ont absorbé le temps des séances ? Quand
le duc de Brunswick y auroit présidé, auroit-il pu mieux
manœuvrer, pour perdre, et cette société et la chose
publique ? Ces débats, ou ridicules, ou grossiers, ou
absurdes, n'étoient-ils pas recherchés, répandus, avec
soin, dans toute l'Europe par les aristocrates, les émi-
grés, le comité autrichien ? N'ont-ils pas fait plus de prosélytes à la contre révolution, que les *actes des apôtres* ?
Ne sont-ce pas ces débats qui nous ont attiré le mépris
des puissances étrangères, qui ont consolidé la coalition
des couronnes, qui les ont confirmées dans l'espoir de
conquérir la France ou de la démembrer ? La fureur et
l'hypocrisie ne peuvent avoir qu'un temps ; ce qui est
sage et vrai peut seul avoir de la durée. Or on croyoit
la France dominée par la poignée de frénétiques qui
s'agitoient dans la société de Paris. Et jugeant du succès
par la nullité, les extravagances, l'hypocrisie de ces sal-
timbanques qui faisoient un métier de jouer ou de
prêcher la révolution, on croyoit impossible qu'une nation voulût porter long-temps le joug de ces Pasquins-
énergumènes, et ne pas adopter un autre ordre de choses.
On se trompoit sur leur influence ; --- toute la France
avoit bien dans le cœur le principe des jacobins, *le principe de l'égalité* ; mais toute la France abhorroit en même
tems les sophismes destructeurs des factieux, et ne recevoit point de loi de leur bande. La majorité de l'assemblée nationale législative même, qui les a sans cesse défendus et protégés contre les persécutions des feuillans et
de la cour, ne connoissoit point leur influence ; elle étoit
nulle ; tous les bons décrets ont été faits sans les jacobins,
ou même malgré les jacobins de Paris.

Je suis loin de conclure de toutes ces accusations, qu'il
faille détruire les jacobins. Je suis loin d'imiter la politique astucieuse de Barnave, comme on me l'a reproché.
Je sais qu'à l'aide de ces comparaisons, on immole aisément les hommes qui déplaisent, en leur appliquant les

noms de ceux qu'on a déjà immolés ; mais je sais aussi que les patriotes irréprochables qui ont du courage et la vérité de leur côté, pulvérisent aisément leurs calomniateurs. La comparaison est fausse, et je le prouve.

Barnave quitta volontairement la société, et on m'en exclut. Barnave trahissoit le peuple, et je le sers. Barnave affichoit hautement le royalisme, et c'est le républicanisme le plus pur que je professe. Barnave vouloit éteindre tous les fanaux, pour ensevelir sa corruption, et moi je veux les multiplier, parce que ma conscience ne redoute rien. Barnave vouloit détruire les jacobins, et je veux qu'ils subsistent ; mais en s'épurant. Barnave fonda les feuillans, et je ne fonde aucune société ; la république existe. Barnave avoit une vaste ambition, et je n'en ai qu'une bien pure, celle de voir le brigandage puni, l'ordre rétabli, le règne de la liberté honoré par le règne de la loi. Le tems fit très-rapidement justice de Barnave ; j'attends justice du tems, et je reste tranquille ; l'intrigue se détruit d'elle-même.

Je ne cesserai de le répéter, la société de l'égalité et de la liberté de Paris doit subsister, le bien public l'exige ; mais il exige aussi qu'enfin elle soit utile, qu'enfin elle remplisse le but de son institution. Elle le remplira, lorsqu'au lieu d'être un théâtre perpétuel de dénonciations mensongères, un foyer de fermentation, une arène ou des gladiateurs se déchirent sous le masque du patriotisme, elle deviendra, comme beaucoup de sociétés dans nos départemens, un foyer d'instruction pour ses membres, et pour la multitude qui assiste à ses séances. Elle le remplira, lorsqu'on y discutera les matières à l'ordre du jour de la convention, lorsqu'on y critiquera avec décence ses décrets, lorsqu'on y censurera avec circonspection et vérité le pouvoir exécutif du peuple, lorsque l'impartialité présidera dans les débats, lorsque les opinions y seront libres, lorsqu'on ne forcera pas des hommes à idolâtrer un homme, lorsqu'enfin on n'y verra qu'avec horreur les prédicateurs de révoltes.

Ou cette réforme aura lieu, ou la société tombera d'elle-même.

Le sort des sociétés des amis de la liberté et de l'égalité est dans leurs mains ; elles seules peuvent se détruire. Barnave calculoit mal : la destruction violente en devenoit impossible , en conservant la liberté; mais leur destruction peut arriver par l'effet des exrravagances de ceux qui les dirigent.

Une suite de l'établissement du républicanisme est d'accoutumer les hommes à la réflexion, à la justice, à l'ordre ; il les accoutume encore à bien distinguer les charlatans et à les mépriser.

Or des hommes, avec de pareilles habitudes, ne s'empresseront pas de fréquenter des sociétés où l'enthousiasme prend la place de la réflexion , où les injustices sont communes , où le désordre perce par-tout , où les charlatans dominent.

Ces hommes s'abstiendront de ces sociétés, et ils feront bien; car ils trouveront, ou dans les livres, ou dans des conférences paisibles avec quelques penseurs, des moyens de s'instruire rejetés dans ces sociétés.

Ils s'en abstiendront, et leur exemple aura des imitateurs, et la société deviendra insensiblement un désert. Ou la révolution est fausse, ou cet effet est inévitable.

Le tems d'un républicain est d'un grand prix , et personne ne sait mieux évaluer le prix du tems qu'un républicain.

Croyez vous donc que des hommes, qui calculent scrupuleusement leur tems, soit pour s'instruire , soit pour élever et soutenir leur famille ; croyez-vous que ces hommes consentent volontiers à sacrifier chaque jour trois heures, pour entendre des dénonciations faméliques, ou des capucinades dégoûtantes ? --

Eh ! qui cause cette solitude , déja bien remarquable à

la société des amis de la liberté et de l'égalité ? Qui m'a
empêché, qui empêche tant d'autres, de suivre ses séances, comme on nous l'a reproché ? ---

J'ai cessé de les fréquenter, parce que je regretois de
perdre mon tems à des débats futiles ; parce que j'étois
indigné de voir les orateurs, ennemis des charlatans et
des flateurs de la multitude, hautement sifflés et insultés.
Dégoût et tyrannie, voilà ce que les Jacobins offent sans
cesse. - -Que les départemens interrogent leurs députés. ---
Je défie le plus honnête et le plus véridique d'entr'eux,
d'oser articuler que les opinions soient, depuis huit mois,
libres aux Jacobins. Sied-il à l'ami de la vérité, de la
liberté, de fréquenter une société, où l'homme libre est
forcé de déguiser son ame, de taire ou d'altérer sa pensée devant un despote ? On se taisoit autrefois à Versail-
les, on se tait aujourd'hui aux Jacobins ; le despotisme
n'a changé que de place et de masque.

Jacobins de Paris, avec cette marche, j'ose vous le
prédire, vous finirez avant la révolution. Le despotisme
doit perdre désormais, et rapidement, tout individu ou
tout corps assez insensé pour vouloir le ressusciter.

Prenez-donc garde qu'on ne s'apperçoive enfin de celui
que vous exercez :

Prenez garde qu'on ne se demande enfin ce que
vous faites ; qu'on ne se demande, s'il vaut la peine de
faire tant de bruit, pour se borner à singer les législateurs
et *jouer à la chapelle* :

Prenez garde que les hommes foibles qui suivent vos
drapeaux, par des craintes ou des combinaisons peu ré-
fléchies, ne s'apperçoivent enfin qu'ils font un faux calcul,
et que la réputation, comme la sûreté, peuvent se trouver ailleurs que chez nous :

Prenez garde qu'on ne s'apperçoive enfin, et peut être
s'en apperçoit-on déja, qu'on peut être patriote, sans
assister à vos séances, qu'on peut être utile, estimé,

chéri du peuple françois, sans avoir votre carte dans sa poche.

Votre erreur est de croire d'abord qu'on ne peut être rien, si l'on n'est jacobin ; mais le moment où la république a été décrétée, il n'y a plus eu qu'un parti, celui des républicains ; ce beau nom va faire oublier tous les autres : et pour le porter, il suffit d'appartenir à la grande société des vingt-cinq millions de républicains françois.

Les républicains, accordant tout au mérite, ont besoin de vastes et nombreux théâtres, pour apprendre à le connoître ; mais depuis que la publicité éclaire tous les corps délibérans, depuis que tant de journaux répètent les noms des hommes célèbres qui méritent bien de la patrie, le prix de la célébrité n'est plus dans vos mains seules : il est par-tout où il y a des françois.

Votre erreur encore est de croire que tous les jacobins de France sont dans les jacobins de Paris, qu'hors de vous il n'y a point de salut, comme on veut faire croire au peuple de Paris, qu'il est le peuple de la France. Ces hérésies ne peuvent s'allier avec l'égalité républicaine. La société de Vaugirard est à votre niveau, ou cette égalité n'existe pas.

Votre erreur enfin est de croire à votre influence, à vos grands moyens, à votre propagande....

Mais il n'y a plus, il n'y aura plus désormais d'influence que par la raison, et vous n'en avez pas le monopole. Vos moyens sont presque nuls ; vos dettes le prouvent ; ces dettes que vous êtes dans l'impuissance de payer, et que vous avez contractées, pour satisfaire la vanité d'un homme médiocre, qui, même avec votre cachet, n'a pu parvenir à se faire lire.

Votre correspondance n'est qu'une filière étroite, obscure, qui ne sert qu'à l'intrigue et la sert mal. Un simple journal estimé est une puissance bien supérieure à la vôtre. Chaque jour vous l'apprend depuis que les journaux patriotes, qui vous défendoient avec tant de courage , attaquent avec le même zèle vos tribuns. Pas un seul journaliste, hors ce *Marat*, dont l'éloge est aun injure , pas un seul n'a pris leur défense , et ce trait met chacun à sa place , eux dans la boue, et leurs adversaires dans l'estime publique.

Ils parlent, vos tyrans , de coalitions entre les journalistes. — Ils ne connoissent pas ces journalistes patriotes , qui , les premiers dans l'univers , ont ennobli par leur indépendance , cette honorable et utile profession. Voulez-vous connoître le secret de leur coalition ? Il est dans ces trois mots : vérité , liberté et amour de l'ordre. — Voilà les armes avec lesquelles je les intéresse, et sur lesquelles je me repose ; tant que j'en userai , je ne craindrai pas d'être abandonné d'aucun d'eux, et sur-tout de ce Condorcet qui sourit de vos artifices , pour le détacher d'une cause à laquelle il appartient essentiellement , par cela qu'il appartient à lui-même et à la philosophie.

Quant à cette *propagande*, dont on vous a fait si long-tems et si faussement les honneurs, les rois qui croient encore à votre propagande , à vos directoires , à vos émissaires , sont des menteurs, ou des fous mal instruits. La propagande qui les a vaincus, qui les vaincra , est bien supérieure à toute combinaison de club ; elle est dans la nature de l'homme ; de l'esclave qui se bat à regret , comme de l'homme libre qui se bat en lion.

Jacobins , ou plutôt républicains , car désormais vous ne devez plus porter que ce dernier nom ; le citoyen qui vous écrit ces dures vérités, est loin d'être votre ennemi ; il est toujours votre frère , car une injustice ne rompt pas les liens de la fraternité ; mais il veut vous désiller les yeux , il veut que vous soyez utiles à la république , après l'avoir été à la révolution , et vous ne pouvez l'être qu'en changeant votre marche , qu'en abjurant l'esprit qui vous dirige. ---

Respect pour la convention et pour ses membres, obéissance aux décrets , même en les censurant, liberté entière

K

d'opinions , décence et choix des débats , amour de l'ordre, haine des anarchistes , tels sont les caractères que vous devez revêtir désormais. Vous ne pouvez plus être que des sociétés fraternelles d'instruction populaire, si vous voulez être au niveau du républicanisme.

C'est peut-être aux sociétés des départemens , que le succès de cette réforme est réservé ; c'est elles au moins qu'il faut inviter à adresser à leurs frères de Paris , des exhortations pressantes sur la nécessité de cette réforme. En commandant à leurs députés de fréquenter la société de Paris , elles ont droit , et c'est un devoir pour elles d'exiger de cette société , que leurs personnes y soient respectées , que leur sûreté y soit entière , que leurs opinions y soient libres , et que sur-tout ils ne soient pas forcés de s'agenouiller devant un dictateur ou des tribuns séditieux.

Ces sociétés des départemens doivent insister encore pour l'abolition d'un préjugé hiérarchique , qui fait de la société de Paris une société métropole.

Il n'y a qu'une république en France ; il ne peut y avoir qu'une église de jacobins et de républicains. J'appartiens à cette république , à cette église , elle n'est pas plus dans Paris seul , que la république n'y est. L'espèce de culte que les membres de département apportent à Paris pour cette société , est une superstition injurieuse à celles des autres départemens. Il n'y a pas plus de métropole de jacobins , qu'is n'y a de capitale dans la république , qu'il n'y a de premier ou de second département. *L'affiliation* doit donc disparoître ; c'est un signe d'infériorité , de subordination. La radiation de la société de Paris ne doit pas plus blesser que la radiation de celle de Vaugirard. Qui n'en est pas à ce point de le croire , n'est pas républicain , ne croit pas encore à l'égalité politique.

Au surplus , le décret d'unité de la république , le décret qui arrache les individus à la *glèbe* de telle section , qui rend communs à toute la république , les talens de

chaque section 'de la république , ce décret a pour toujours affranchi les talens et les vertus du despotisme et des
injustices de toute société , de toute faction. Qu'il y en ait
une assez forte sur un point , pour préférer la lie de la
nation , d'autres départemens sauront toujours bien venger
le talent ou la vertu persécutés.

Que peut donc maintenant la calomnie contre un homme
de bien , dont la réputation est appuyée sur de longs services ? L'imprimerie est là pour le venger ; le peuple des
autres départemens , que ne séduit pas la cabale , sera
toujours là pour lui rendre justice. --- Telle est l'idée qui
me soutient au milieu des persécutions dont je suis en-
vironné.

Les insensés ! ils croient m'avoir blessé ! m'avoir ôté un
grand appui ! je n'en ai pas besoin. --- Ma conscience,
mes services , le bon sens d'un peuple républicain , voilà
mes appuis , et ceux-là ne peuvent m'être enlevés. ---

Encore quelques années, et nous serons jugés, et le
néant ensevelira les noms des ces anarchistes ; car le peuple
ne veut la liberté que pour avoir la paix ; et dans la paix,
les agitateurs sont nuls, si même ils se sont exécrés.

On me parle de leurs poignards ; je ne les crains pas
plus que leurs plumes, que leurs mandats d'arrêt, que
leur influence. — L'étroite enceinte des Jacobins de Paris
est leur univers ; et je vois, j'embrasse dans mon horison,
la France, l'Europe et la postérité ; cette postérité, qui
ne connoîtra pas même leurs noms ; car nous ne con-
noissons, de toute l'antiquité, qu'un Thersite et qu'un
Zoile.

Mettons donc, mettons à l'écart ces misérables querelles de Jacobins. — Il faut achever de vaincre ; il faut
achever d'abattre les trônes ; il faut instruire les peuples
dans l'art de conquérir et de maintenir leur liberté. Eh ;
qu'est-ce à côté de ces grands objets que les dénonciations
des Chabot, Collot, Merlin , Marat , etc., etc. ?

Voyez quelle brillante carrière s'ouvre devant nous:

Après une campagne rapide et inespérée , des armées innombrables d'ennemis fuyent loin de notre sol qu'elles
souillent ; nos troupes , envahissant de tous côtés le territoire des tyrans , vont planter par-tout l'arbre de la
liberté ! la France va se ceindre de républiques. Que n'est-
elle faite, sa constitution ! elle serviroit de modèle par-
tout !.

La marche de la convention avancera plus que les bayon-
nettes, les conquêtes de la liberté. Des discussions réflé-
chies, de sages décrets, une attitude ferme et noble dans
la convention ; voilà ce qui gagne des batailles à la liberté dans tous les pays, ce qui lui concilie par tout les
esprits : tandis que les dénonciations vagues , les décla-
mations insensées , les exhortations au pillage , les massacres ne peuvent inspirer que de l'horreur pour notre
révolution, des inquiétudes sur son issue, et fortifier la
coalition des gouvernemens contre nous.

Eh ! qui peut éloigner les peuples d'imiter notre exemple, et les gouvernemens libres de s'allier avec nous, si
ce n'est la foiblesse avec laquelle on a souffert dans le
sein de la convention , des scènes scandaleuses , excitées
par des prédicateurs de meurtres ? L'Europe a les yeux
ouverts sur la convention. et la convention n'a pas assez
les yeux ouverts sur l'Europe. — Qu'elle interroge son
ministre des affaires étrangères ; qu'elle suive sa correspondance ; elle saura l'impression qu'a faite, dans les
pays étrangers, la journée du 2 septembre; l'impression
qu'y fit le récit de nos scènes affligeantes. Par-tout on
ne veut traiter qu'avec un gouvernement stable ; et on
ne croit pas au régime stable, là où de pareils brigan-
dages restent impunis ; là où l'anarchie a ses apôtres,
applaudis dans les sociétés , tolérés par les autorités
constituées ; là où ces apôtres peuvent encore causer des
soulèvemens. — Que la convention , que toutes les sociétés, que tous les François se prononcent hautement et
constamment en faveur de l'ordre et contre l'anarchie ,

et la cause de la liberté triomphera par-tout , et les peuples libres s'empresseront de devenir nos alliés.

Liberté , mais sûreté ; telle est la double base sur
laquelle doit poser notre constitution, Pour remplir ce
but.—. les perfides ! ils ne cessent de repéter que nous
voulons faire une constitution , pour accaparer les places !
La constitution posera sur la rotation fréquente dans les
places , sur l'élection populaire pour toutes : et avec ces
deux principes , il n'est point de factions , ni d'intrigans ,
ni de brigands qui puissent accaparer les places. Toute
autre constitution est maintenant impossible. Fasse le ciel
que la nôtre soit achevée avant le printems prochain , et
qu'une retraite obscure nous offre quelque repos après
tant d'orages ! Voilà le vœu le plus ardent de ces ambitieux, qu'on accuse de vouloir perpétuer leur pouvoir ,
et qui vont déployer tous leurs efforts , pour accélérer
le moment d'en étre dépouillés !

POST-SCRIPTUM.

Avant de finir cette lettre , j'aurois désiré connoître et
examiner à fond , le discours prononcé par le ministre
de la justice sur les évènemens du 2 septembre; discours
que je n'ai point entendu, que je n'ai connu que par les
papiers publics, qui n'est point encore public , et que je
n'ai pu me procurer. L'opinion extraordinaire d'un ami
éclairé de la vérité et de la liberté , me paroît mériter
une discussion sérieuse. M. Garat a soutenu , si l'on ne
m'a point trompé, que les évènemens du 2 septembre
tiennent à la révolution du 10 août. Il a soutenu que ,
dans toute constitution , la ville où résidoient les corps
constitués , avoit la représentation et l'initiative des in-
surrections contre les autorités tyranniques.

Je me réserve d'approfondir cette étrange doctrine d'*insurrection par représentation* , *d'insurrection organisée*; doctrine
qui séduit aisément , lorsqu'on jette les yeux sur le passé ,

mais dont l'application est fausse, et peut devenir bien
dangereuse pour le nouvel ordre de choses. Il ne faut pas
être très-habile pour trouver, dans une constitution même,
des moyens paisibles et réguliers d'arrêter la tyrannie ;
et je ne vois rien de plus propre à prévenir tous les peuples contre la nôtre, que ce goût, ce besoin, cette nécessité supposée d'insurrection, qui ne devroient plus être
défendus que par les aristocrates ou les anarchistes. Une
révolution est une fièvre ; et je ne vois pas la nécessité
pour se bien porter, de prendre des arrangemens pour
avoir la fièvre.

Quand aux évènemens du 2 septembre, je prouverai,
si je suis appellé à reparler de cette affreuse journée,
ce qui n'est pas improbable, je prouverai qu'ils n'ont
aucune liaison avec la glorieuse révolution du 10 août ;
je prouverai qu'ils n'étoient point nécessaires pour l'af-
fermir, qu'ils n'ont pu que la déshonorer, qu'ils l'auroient entièrement renversée, si le but qu'on se proposoit avoit été rempli. Je prouverai que cette scène atroce
n'est point l'effet du hasard, d'un sentiment spontané du
peuple : qu'elle a été méditée et préparée dans le cabinet ; que les rôles en ont été distribués ; que des brê-
vets de juge et de bourreau ont été, pour ainsi dire,
expédiés ; que la procédure en a été combinée ; que les
salaires ont été fixés ; que les mots d'ordre ont été prévus et donnés ; que les listes des prisonniers ont été exa-
minées, épurées (dans le sens des barbares), remises,
avec les signalemens, aux exécuteurs, afin qu'il n'y eut
point d'erreur ; que dans les cas de doute qui se sont
présentés, les juges en ont référé aux suprêmes ordonnateurs de la scène (1).

____

(1) Le fait suivant m'a été attesté. Un de ces juges-bour-
reaux est embarrassé à l'Abbaye pour l'exécution d'un prisonnier, dont le signalement ne cadroit pas avec la figure et le
nom donné. Il fait mettre de côté le malheureux, envoie con-

Je prouverai que le peuple de Paris n'a eu aucune part
à cette atrocité , digne de Cannibales ; qu'il n'est pas
vrai , comme le dit calomnieusement l'arrêté du 12 octobre , qui l'appelle une *importante* journée , qu'elle *ait*
été l'ouvrage de 30 mille citoyens qui s'étoient portés au
Champ-de-Mars pour s'enroler. --- Je prouverai , contre
cet arrêté , que le massacre a commencé à deux ou trois
heures ; qu'à cette époque il n'y avoit pas 100 citoyens
au Champ de-Mars ; que le massacre a précédé l'enrôle-
ment ; que tous les motifs allegués pour le justifier sont
absurdes ; qu'on a eu jusqu'à la précaution de comman-
der dans les journaux des prétextes et des fables ; que
ces horreurs auroient pu facilement être réprimées ; que
le massacre a été commis au plus par une centaine de
brigands inconnus , auxquels se sont mêlés quelques citoyens de Paris , actuellement en horreur à leur concitoyens.

Je ne dirai plus qu'un mot : qu'il se lève , qu'il paroisse
aux yeux de la France , le scélérat qui peut dire : j'ai ordonné ces massacres , j'en ai exécuté vingt, trente de ma
main ; qu'il se lève , et si la terre ne s'entrouvroit pas
pour ensévelir ce monstre ; si la France le récompensoit,
au lieu de l'écraser, il faudroit fuir au bout de l'univers ,
et conjurer le ciel d'anéantir jusqu'au souvenir de notre
révolution (1).

sulter le comité de surveillance; et l'arrêt fatal s'expédie.
C'est bien lui ; ÉLARGISSEZ. On sait qu'élargir étoit le mot
du guet pour le massacre.

(1) Cette morale sera peut-être taxée de foiblesse par ceux
qui aiment le sang ; je ne connois que deux manières de
verser le sang , ou, comme le 10 août, en attaquant son
ennemi armé, ou le glaive de la justice à la main. Cette
morale n'est pas celle des anarchistes.
Je le sais, dit naivement un jour Robespierre à un député
de la Gironde qui lui reprochoit d'avoir commandé les assassinats. — Je le sais, ni vous ni vos amis , n'auriez pas fait
assassiner un aristocrate. Ce trait peint l'esprit de la bande.

Je me trompe.... Il faut se transporter a Marseille ---
Marseille a effacé l'horreur du 2 septembre. --- 53 individus arêtés par le peuple , comme conspirateurs , ont
été jugés par un tribunal populaire. Ils ont été absous ;
et non-seulement le peuple de Marseille ne s'est point
révolté contre le jugement du tribunal , n'a pas assassiné
ces prisonniers , mais il a , lui-même , exécuté la sentence ,
ouvert les prisons , embrassé les malheureux qui y gémis-
soient , et les a reconduits triomphans dans leurs maisons.
--- Et c'est le 2 septembre que les Marreillois ont donné
ce grand exemple de respect pour la loi ! Voilà des vrais
républicains ! -- C'est par de pareils traits qu'on attire les
peuples au républicanisme ; qu'on renverse les trônes ;
tandis qu'ils les affermissent , les scélérats , qui veulent
nous promener d'atrocités en atrocités , et qui comptent
secrètement sur la résurrection de la royauté , comme sur
le dernier appui de leurs crimes.

P. S. Les calomniateurs garderont-ils maintenant le si-
ence ? cesseront-ils de feindre de croire , et de vouloir faire
croire à nne faction de la *Girende* ou *Brissot* ? La motion
honorable de Gensonné ; décrétée ce soir , voilà la meil-
leure réponse à ces calomniateurs. J'avois donc raison de
dire , (voyez pag. 77 ,) et ce n'étoit point une phrase
vague et insignifiante , " que l'obscurité , le repos , après
l'achèvement de la constitution , étoit le vœu le plus ardent de ces ambitieux , qu'on accusoit de vouloir perpétuer le pouvoir dans leurs mains , et qu'ils alloient déployer tous leurs efforts , pour accélérer le moment de
s'en dépouiller ".

Il reste toujours aux gens de bien leurs moyens naturels pour être utiles au peuple. Quant à ces hommes qui ,
pour parvenir , semblent avoir pris pour devise ce vers
de Juvenal :

Aude aliquid. . . . . carcere dignum ;
Si vis esse aliquid ;

ce décret leur assure le néant ; car *il va assurer l'ordre par*
un gouvernement énergique.

À PARIS , de l'Imprimerie du CERCLE SOCIAL ,
rue du Théâtre-François n°. 4.

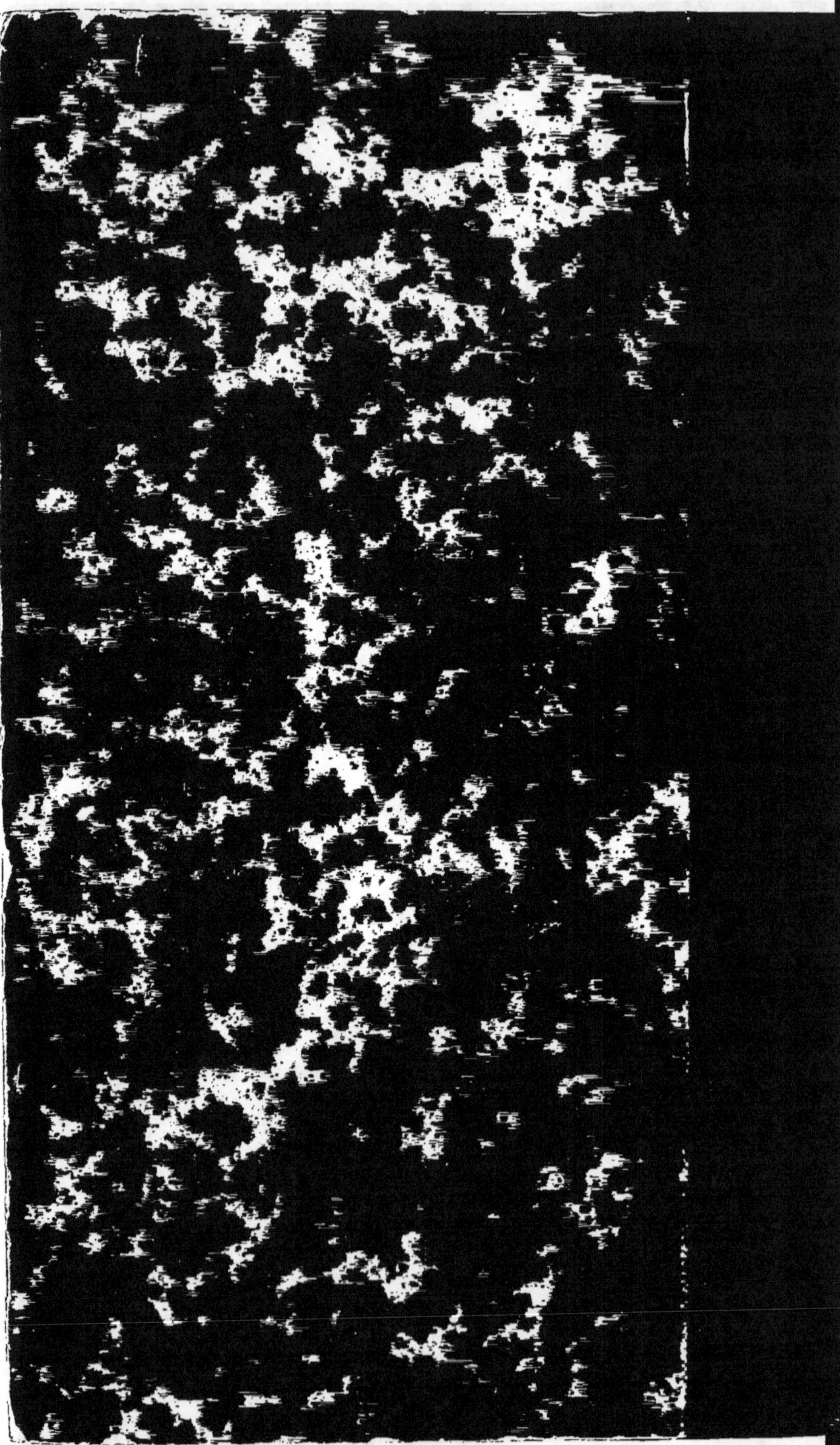

www.ingramcontent.com/pod-product-compliance
Lightning Source LLC
Chambersburg PA
CBHW050225070726
47598CB00018B/690